PETIT QUESTIONNAIRE

A L'USAGE

DES GRADÉS ET SOLDATS

DES

[S]ECTIONS DE MITRAILLEUSES

PAR

Le Lieutenant ROUDIL

AVEC 41 FIGURES DANS LE TEXTE

LIBRAIRIE MILITAIRE BERGER-LEVRAULT

Éditeurs de l'*Annuaire officiel de l'Armée*

PARIS — RUE DES BEAUX-ARTS, 5-7 | NANCY — RUE DES GLACIS, 18

1914

PETIT QUESTIONNAIRE

A L'USAGE

DES GRADÉS ET SOLDATS

DES

SECTIONS DE MITRAILLEUSES

(1) CORPS D'ARMÉE

(1) DIVISION

(1) BRIGADE

(2) . . . . . .

RENSEIGNEMENTS

CONCERNANT

La e (1) section de mitrailleuses

TYPE (3)

Chef de section : M..., Lieutenant.

GRADES	NOMS des titulaires	FONCTIONS	NOMS des suppléants	OBSERVATIONS
Sergent . .		Adjoint au chef de pièce.		SECTION DE TIR
Caporal . .		Chef de la 1re pièce.		
Id. . . .		Chef de la 2e pièce.		
Soldat. . .		Tireur 1re pièce.		
Id. . . .		Chargeur 1re pièce.		
Id. . . .		Aide-chargeur 1re pièce.		
Soldat. . .		Tireur 2e pièce.		
Id. . . .		Chargeur 2e pièce.		
Id. . . .		Aide-chargeur 2e pièce.		
Id. . . .		Télémétreur.		
Id. . . .		Armurier.		
Id. . . .		Agent de liaison cycliste.		
Caporal . .		Comm. l'échelon. Approvisionneur.		ÉCHELON
Soldat. . .		Pourvoyeur.		
Id. . . .		Id.		
Id. . . .		Id.		
Id. . . .		Id.		
Id. . . .		Conducteur.		
Id. . . .		Id.		
Id. . . .		Id.		
Id. . . .		Id.		
Id. . . .		Id.		
Id. . . .		Id.		
Id. . . .		Id.		
Id. . . .		Id.		
Id. . . .		Id.		

(1) Indiquer le numéro

(2) Régiment d'infanterie, bataillon de chasseurs, etc.

(3) Mixte ou alpin.

TRAIN DE COMBAT

TYPE MIXTE

GRADES ET EMPLOIS	NOMS	NOMS DES ANIMAUX
Caporal comm. le train.	....	
Soldat conducteur .	....	(1) (1)
Id. .	....	(1) (1)

(1) Indiquer le nom des animaux.

TYPE ALPIN

GRADES ET EMPLOIS	NOMS	NOMS DES MULETS
Caporal comm. le train.	....	
Soldat conducteur .	....	(1)
Id. .	....	(1)
Id. .	....	(1)
Id. .	....	(1)
Id. .	....	(1)
Id. .	....	(1)

(1) Indiquer le nom des animaux.

PETIT QUESTIONNAIRE

A L'USAGE

DES GRADÉS ET SOLDATS

DES

SECTIONS DE MITRAILLEUSES

PREMIÈRE PARTIE

MANŒUVRE ET TIR

CHAPITRE I

GÉNÉRALITÉS SUR LES MITRAILLEUSES

1. Qu'est-ce qu'une mitrailleuse ?

C'est une arme à tir automatique et disposée sur affût, permettant de tirer à une très grande vitesse une cartouche analogue à celle du fusil.

2. Qu'est-ce qu'un tir automatique ?

C'est le tir d'une arme dans laquelle les opérations de la charge, de la percussion, de l'extraction et de l'éjection s'exécutent sans le concours du tireur.

3. Comment s'obtient l'automatisme ?

Au moyen d'un mécanisme spécial actionné *par la force du recul*, au moment du départ du coup, ou bien encore par la poussée d'une partie des gaz de la poudre. Ce deuxième système est dit *par emprunt des gaz*.

4. Expliquez succinctement le fonctionnement du système utilisant la force de recul.

Au moment du départ du coup la culasse mobile (C)

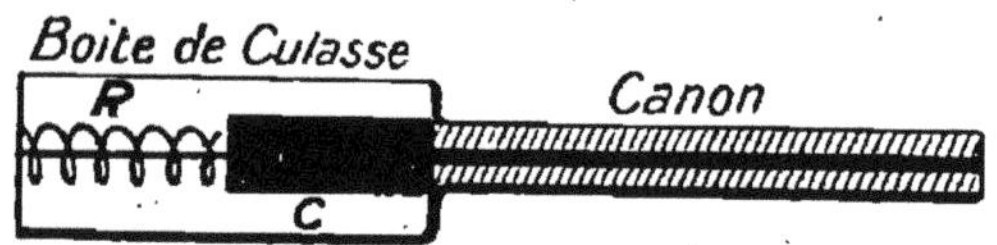

est projetée en arrière. En reculant elle extrait et éjecte l'étui, arme le percuteur et comprime le ressort récupérateur (R).

Lorsque le recul cesse, le ressort récupérateur se détend et ramène la culasse en avant ; une cartouche est entraînée dans le canon ; le percuteur fait partir le coup et le mouvement se continue de la même façon.

Un dispositif spécial alimente l'arme en munitions.

5. Expliquez le fonctionnement du système dit par emprunt des gaz.

Dans ce système c'est la poussée d'une partie des gaz sur un piston (P) qui fait ouvrir la culasse. Sous le

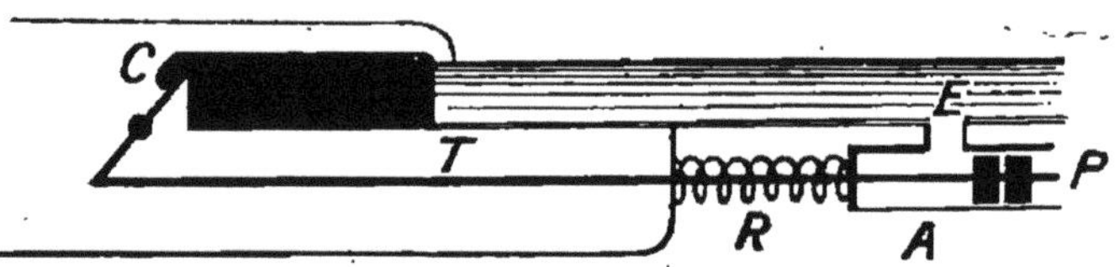

canon un canal (E) communiquant avec la chambre à gaz (A) laisse passer une partie des gaz au moment du départ du coup. Ceux-ci agissent sur un piston (P) qui, par l'intermédiaire de la tringle (T) fait ouvrir la culasse (C).

L'étui est extrait, puis éjecté, le percuteur armé et le ressort récupérateur (R) comprimé.

Le ressort se détend, ramène la culasse en avant, une cartouche est introduite dans le canon et le percuteur fait partir le coup.

Le mouvement se continue de la même façon.

Un dispositif spécial alimente l'arme en munitions.

6. Quel est le meilleur de ces deux systèmes ?

Ils ont tous deux des qualités et des défauts. Le second a un mécanisme beaucoup plus compliqué. Il offre, par contre, le moyen de régler la poussée des gaz ; les ruptures de pièces sont moins fréquentes. Aussi le préfère-t-on en général.

7. De quel système est la mitrailleuse française ?

La mitrailleuse française modèle 1907 est du système dit « par emprunt des gaz ».

8. Quelles sont les qualités de notre mitrailleuse ?

Elle est simple et robuste, le démontage de ses divers organes est très facile.

— L'échauffement exagéré du canon, qui est une cause d'arrêt du tir, est atténué, en France, par l'emploi d'un radiateur.

Le canon peut être refroidi à l'eau ; et si celle-ci fait défaut on peut remplacer le canon échauffé par un canon froid en quelques secondes.

Ce n'est pas le cas de la plupart des mitrailleuses étrangères, notamment en Allemagne où le canon ne peut être refroidi qu'à l'eau : d'où inconvénient sérieux lorsque celle-ci manque.

— Un appareil très simple permet de régler très exactement l'admission des gaz nécessaires au bon fonctionnement de l'arme, d'où ruptures de pièces évitées.

— Un autre appareil permet de faire varier la vitesse du tir.

9. Qu'appelle-t-on vitesse de tir ?

Le nombre de cartouches tirées par la mitrailleuse en une minute.

10. Quelle est la vitesse de tir de notre mitrailleuse ?

Sa vitesse moyenne est de 250 à 300 coups par minute. On peut la faire varier depuis 5 à 10 coups jusqu'à 600 environ.

11. Que comprend l'ensemble d'une mitrailleuse ?

Une mitrailleuse comprend :

1° La mitrailleuse proprement dite (M) ;

2° Le support (S) qui relie la mitrailleuse à l'affût ;

3° L'affût ;

4° Pour les mitrailleuses de rempart, les boucliers mobiles.

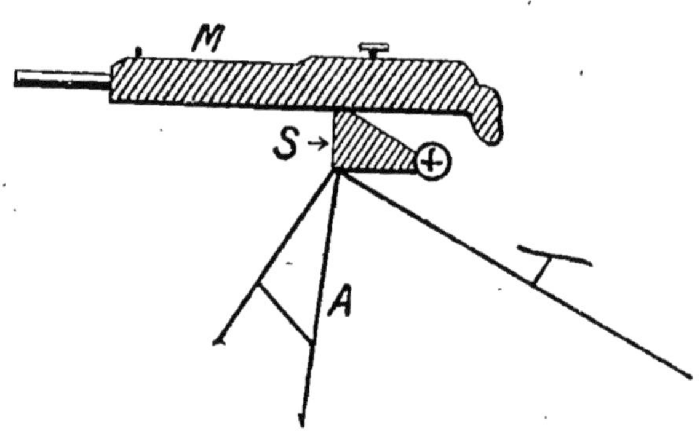

12. **Que savez-vous de l'organisation des mitrailleuses ?**

En France, les pièces sont réunies par deux et forment une section.

A l'étranger, l'organisation est généralement la même que chez nous. L'Allemagne réunit en outre les trois sections d'un même régiment où elles forment la treizième compagnie.

CHAPITRE II

ORGANISATION DE LA SECTION EN FRANCE

Type mixte et type alpin.

13. **Combien y-a-t-il de sections de mitrailleuses en France ?**

Une par bataillon. Il en existe également dans la cavalerie et dans les places de guerre.

14. **Comment sont-elles administrées ?**

En temps de paix le personnel est mis en subsistance dans l'une des compagnies du bataillon, autant que possible celle du lieutenant commandant la section.

En temps de guerre et aux manœuvres les sections sont affectées à l'unité que forment dans le régiment le petit état-major et la section hors rang.

15. Comment les fractionne-t-on?

Pour le commandement en trois escouades;

La première pièce comprenant le télémétreur constitue la première escouade;

La deuxième pièce avec l'agent de liaison et l'armurier constitue la deuxième escouade;

En campagne le personnel du train de combat constitue la troisième escouade;

et *pour la manœuvre* en trois groupes, savoir :

1° La section de tir;

2° L'échelon;

3° Le train de combat;

L'échelon et la section de tir réunis forment la section de manœuvre.

16. Que comprend la section de mitrailleuses?

La section comprend :

1° Le personnel;

2° Les animaux de trait ou de bât;

3° Le matériel (pièces, voitures, bâts, télémètre, accessoires);

4° Les munitions.

17. L'organisation des sections est-elle uniforme?

Il existe deux types de sections de mitrailleuses : le type mixte et le type alpin.

18. Qu'est-ce qui diffère dans ces deux types?

En temps de paix la nature des animaux de bât : chevaux ou mulets dans le type mixte, mulets exclusivement dans le type alpin.

Et, en outre, en temps de guerre, le train de combat : sur roues dans le type mixte, sur animaux de bât dans le type alpin.

19. Pourquoi avons-nous deux organisations différentes?

A cause de la diversité des terrains dans lesquels doivent manœuvrer les sections.

Les troupes des 15e et 19e corps, qui sont dans des régions montagneuses ou dépourvues de bons chemins, ont des sections du type alpin. Les autres, qui sont dans des régions sillonnées de bonnes routes, sont du type mixte.

20. Que comprend la section de tir?
L'ensemble du personnel assurant le service de la mitrailleuse pendant le tir, et le transport des pièces lorsqu'elles ont été déchargées.

21. Que comprend l'échelon?
L'échelon, commandé par le caporal approvisionneur, transporte les pièces (pendant les marches), le reste du matériel et une partie des munitions.

Il comprend les pourvoyeurs, les conducteurs et les animaux de bât.

22. Comment sont répartis les animaux de l'échelon?
Deux, dits de pièce, transportent les mitrailleuses et les accessoires nécessaires pour le tir, sauf les munitions transportées par les six autres, le 9e est haut-le-pied.

23. Qu'est-ce que le train de combat?
C'est une réserve de munitions transportée sur roues dans les sections mixtes, à dos de mulets dans le type alpin.

Il comprend le personnel conducteur, les animaux et le matériel de transport. Un caporal le commande (un par section, dans le type mixte, un pour l'ensemble du régiment dans le type alpin).

Le train de combat n'est organisé qu'en temps de guerre.

24. La section de tir, l'échelon et le train de combat des sections sont-ils réunis pendant les marches et le tir?
La section de tir et l'échelon sont réunis pendant les marches; ils ne se séparent momentanément que pendant l'exécution des tirs.

Le train de combat marche avec celui de la fraction à laquelle la section est affectée.

Tableau donnant la composition détaillée de la section de manœuvre.

Type mixte ou alpin.

	GRADES	EMPLOIS	PIED de paix	PIED de guerre
SECTION DE TIR	Lieutenant . .	Chef de section à bicyclette.	1	pas de changement.
	Sous-officier. .	Adjoint au chef de section	1	
	Caporaux. . .	Chefs de pièce	2	
	Soldats. . . .	Tireurs.	2	
	Id	Chargeurs	2	
	Id	Aides-chargeurs	2	
	Id	Télémétreur	1	
	Id	Armurier.	1	
	Id	Agent de liaison bicycliste.	1	
ÉCHELON	Caporal . . .	Commandant l'échelon. Approvisionneur	1	1
	Soldats. . . .	Ordonnance	» (5)	» (5)
	Id.	Pourvoyeurs	2	4 (1)
	Id.	Conducteurs	4	9 (2)
	Animaux. . .	De bât	4 (3)	9 (4)

(1) Dont deux réservistes. — (2) Dont cinq réservistes. — (3) Dont deux de pièces et deux de munitions. — (4) Deux de pièces, six de munitions, un haut-le-pied. — (5) L'ordonnance compte à la section et remplit autant que possible les fonctions de pourvoyeur.

Composition du train de combat.

Section mixte.

GRADES	EMPLOIS	PIED de guerre seulement
Caporal	Chef de voiture commandant le train de combat.	1 (1)
Soldats	Conducteurs	2 (1)
Chevaux . . .	De trait.	4

(1) Réservistes.

Section type alpin.

GRADES	EMPLOIS	PIED de guerre seulement
Caporal	Commandant le train	1 (2)
Soldats	Conducteurs	6 (1)
Mulets.	De bât	6

(1) Réservistes.
(2) Un seul caporal pour l'ensemble du régiment.

Tableau récapitulatif du personnel et des animaux.

GENRE de section	DÉSIGNATION des éléments	SECTION isolée — Pied de paix	SECTION isolée — Pied de guerre	RÉGIMENT à deux sections — Pied de paix	RÉGIMENT à deux sections — Pied de guerre	RÉGIMENT à trois sections — Pied de paix	RÉGIMENT à trois sections — Pied de guerre	OBSERVATIONS
TYPE MIXTE	Lieutenants. . .	1	1	2	2	3	3	Un seul caporal pour le train de combat des deux ou trois stations.
	Sous-officiers . .	1	1	2	2	3	3	
	Caporaux. . . .	3	4	6	8	9	12	
	Soldats.	15	24	30	48	45	72	
	Animaux de bât.	4	9	8	18	12	27	
	Chevaux de trait		4		8		12	
TYPE ALPIN	Lieutenants. . .	1	1	2	2	3	3	
	Sous-officiers . .	1	1	2	2	3	3	
	Caporaux. . . .	3	4	6	7	9	10	
	Soldats.	15	28	30	56	45	84	
	Mulets	4	15	8	30	12	45	

CHAPITRE III

TIR

Article I. — Notions sur le tir et procédés de tir des mitrailleuses.

25. Qu'est-ce qu'un groupement?

C'est l'ensemble des empreintes obtenues par un ou plusieurs tireurs visant un même point avec la même hausse.

26. Quelles sont les dimensions du groupement obtenu par le tir de plusieurs tireurs?

Avec la balle D, le groupement obtenu forme sur le sol un rectangle d'environ 700 mètres de long sur une largeur un peu supérieure à celle de l'objectif.

27. Comment se répartissent les balles de ce groupement?

Des expériences ont démontré que les points d'impact sont d'autant plus nombreux qu'on se rapproche davantage du centre.

Pour un tir de 1.000 balles, si l'on divise le rectangle en huit tranches égales, on trouve :

Dans l'ensemble des deux zones du centre (AA) 50 % des coups, soit. . .	500 balles
Dans l'ensemble des deux zones (BB) 32 % des coups, soit	320 —
Dans les zones (CC), 14 %.	140 —
Et dans les zones extrêmes (DD), 4 % des coups seulement, soit	40 —
Au total . . .	**1.000 balles**

28. Comment est le groupement produit par le tir de la mitrailleuse ?

Les balles sont réparties de la même façon ; mais, à cause de la précision de l'arme, le groupement n'a qu'une profondeur de 100 mètres.

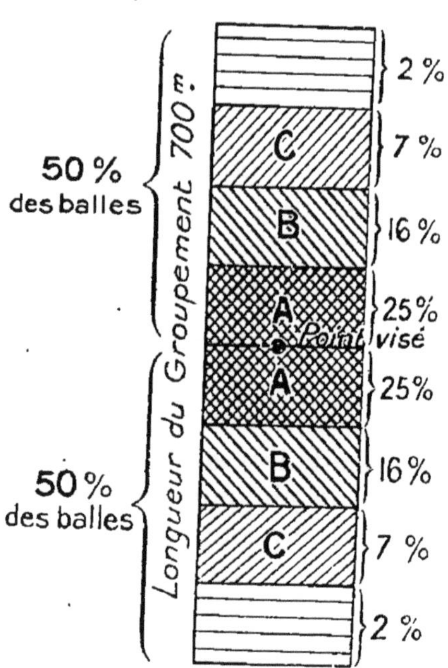

29. Doit-on préférer le groupement du tir d'infanterie à celui de la mitrailleuse ?

Non, car la dispersion des balles est trop grande. Avec une hausse exacte le tir de la mitrailleuse sera plus meurtrier.

En effet, tandis que sur 1.000 balles tirées les 500 balles du centre sont réparties sur une longueur de 175 mètres pour l'infanterie, la mitrailleuse a le même nombre de balles sur une profondeur de 25 mètres seulement.

L'avantage en faveur du tir de l'infanterie n'existe que lorsqu'une erreur de hausse est commise.

30. Quelles sont les conséquences des erreurs de hausse ?

Une erreur dans l'appréciation des distances de

350 mètres pour l'infanterie et de 50 mètres seulement pour la mitrailleuse rend nuls les effets du tir aux grandes et aux moyennes distances.

31. Quels sont les moyens dont disposent les sections de mitrailleuses pour corriger les erreurs d'appréciation des distances?

Chaque section est munie d'un télémètre et d'une jumelle pour apprécier les distances et observer les effets du feu. Lorsque l'appréciation n'est pas possible, la mitrailleuse a des procédés de tir lui permettant de disperser le tir en profondeur : tir sur hausses échelonnées.

32. Pour atteindre un objectif dans le sens de la largeur, que fait-on avec la mitrailleuse?

On emploie l'un des procédés de tir suivant :

1° Tir bloqué en direction ;

2° Tir débloqué.

Ce dernier tir s'exécute avec ou sans fauchage.

33. Qu'est-ce que le tir bloqué en direction?

C'est un tir exécuté avec le levier de blocage abaissé. Ce tir concentre les coups sur un front très étroit.

34. Dans quelles circonstances s'emploie-t-il?

1° *A grande distance* pour faciliter l'observation des coups ;

2° *Aux moyennes distances* contre un objectif étroit et particulièrement dangereux si l'observation des coups permet le réglage en direction.

35. Qu'est-ce que le tir débloqué?

C'est le tir habituel de la mitrailleuse. Il s'exécute avec le levier de blocage relevé.

36. Comment s'exécute-t-il?

Il faut distinguer :

1° Le tir débloqué sans fauchage ;

2° Le tir débloqué avec fauchage.

Sans fauchage le tireur s'efforce de maintenir la ligne de mire sur le point indiqué ; il corrige le pointage sans suspendre le feu.

Avec fauchage le tireur tire quelques balles sur la

partie gauche de l'objectif et, en agissant sur la poignée, déplace la ligne de mire vers la droite en corrigeant le pointage en hauteur. Si le tir doit continuer, il reprend le fauchage en partant de la gauche pour aller vers la droite, ce qui facilite l'observation des coups.

37. Dans le fauchage les balles sont-elles uniformément réparties sur le front ?

Non, le tireur s'efforce de battre de préférence les parties les plus denses de l'objectif. Il évite de tirer sur les points qui ne sont pas occupés.

38. Quel est, de ces procédés, le plus généralement employé ?

C'est le tir avec fauchage. Le tir bloqué et le tir débloqué sans fauchage ne s'exécutent que sur l'indication formelle du chef de section.

39. Le tir des sections de mitrailleuses a-t-il toujours la même intensité ?

L'intensité du feu des mitrailleuses varie :

1° Avec la cadence de tir;

2° Et selon que l'on fait tirer une seule pièce ou les deux pièces à la fois.

40. Qu'est-ce que la cadence de tir ?

C'est la vitesse à laquelle tire une pièce. On l'évalue par le nombre de coups tirés en une minute.

41. Quelles sont les diverses cadences de tir ?

Il y en a trois :

La cadence lente, de 100 à 200 coups à la minute ;

La cadence moyenne, de 200 à 300 coups à la minute ;

La cadence rapide, plus de 300 coups à la minute.

42. Dans quelles circonstances sont employées ces diverses cadences ?

La cadence lente, lorsqu'un tir prolongé est tactiquement nécessaire ou lorsque l'observation des coups est possible pour régler le tir.

La cadence moyenne, dans les circonstances habituelles du combat. Elle est prise sans indications.

Et la cadence rapide, dans les circonstances exceptionnelles (contre un objectif visible pendant un temps très court, ou particulièrement menaçant pour les troupes amies).

43. Les deux pièces de la section tirent-elles à la fois ?

Non les pièces tirent alternativement sauf dans des cas exceptionnels (Voir *Emploi de la cadence rapide*).

44. Quels sont les avantages de l'emploi alternatif des pièces ?

Ces avantages sont les suivants :

1° Économie des munitions ;

2° Échauffement des pièces atténué ;

3° On prévient le risque d'avoir les deux pièces hors d'état de fonctionner à la fois ;

4° Il n'y a pas d'interruption de feu : si une pièce ne peut plus tirer, l'autre peut continuer à tirer sur les mêmes données.

45. Si les deux pièces tirent ensemble, que font les tireurs ?

Ils se répartissent l'objectif.

46. Sur quelle partie de l'objectif faut-il viser ?

Il faut toujours viser sur le pied de la partie visible du but, en exécutant s'il y a lieu le fauchage.

47. Comment doit-on battre un objectif qui se déplace ?

Il faut distinger les trois cas suivants :

1° L'objectif se déplace face à la section de mitrailleuses ;

2° Il se déplace obliquement ;

3° Il se déplace latéralement.

48. Dans le premier cas, que fait le tireur ?

Il dirige successivement la ligne de mire sur les différents points de l'objectif qui se présentent en première ligne (fauchage).

49. Si l'objectif se déplace obliquement ?

Viser la partie extrême du but du côté de la marche et tirer sur le même point jusqu'à ce que tout l'objectif l'ait dépassé. Avoir soin de faire varier la hausse à mesure que les distances changent.

Exemple : Soit la ligne AB qui se déplace vers C. La pièce est en D.

Viser le point E. En modifiant, si besoin est, la hausse on aura la zone battue EF (hachures).

On voit que les divers éléments de la ligne AB passeront tous dans la zone battue EF.

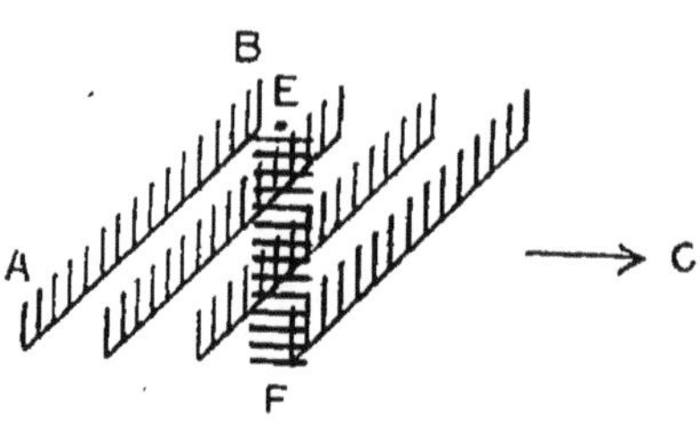

50. Si l'objectif se déplace latéralement ?

Viser la partie extrême du but du côté de la marche et tirer sur le même point jusqu'à ce que tout l'objectif l'ait dépassé.

Contre une colonne à front étroit, ne pas modifier la hausse, mais contre une ligne à front étendu il sera nécessaire d'employer le procédé indiqué dans le tir contre une ligne se déplaçant obliquement (tir sur hausses échelonnées).

51. Qu'est-ce que le tir sur hausses échelonnées ?

C'est un tir dans lequel on emploie successivement des hausses différant entre elles de 50 mètres.

52. Dans quelles circonstances ce procédé sera-t-il employé ?

Lorsque, la distance de l'objectif étant inconnue, on veut coûte que coûte obtenir un résultat.

Ou encore pour battre un objectif très profond : troupes rassemblées, longue colonne, etc.

Ce procédé s'emploie avec ou sans fauchage.

Article II. — Commandements concernant l'exécution des feux par les sections de mitrailleuses.

53. **Quel est le tir habituel des sections de mitrailleuses ?**

C'est le tir débloqué exécuté avec une seule pièce, à cadence moyenne avec fauchage.

54. **Dans quelles circonstances s'emploie-t-il ?**

Dans les circonstances habituelles du combat.

55. **Qui le commande ?**

C'est le chef de section qui a la direction absolue du feu.

56. **Quel en est le commandement ?**

Après avoir désigné soigneusement l'objectif le chef de section commande :

Pour la 1re pièce (ou *la 2e*).
Hausse = tant
FEU !

57. **Comment est interrompu le feu ?**

Le feu est momentanément interrompu aux commandements de : HALTE AU FEU ! ou de :
CESSEZ LE FEU !

Il est arrêté définitivement en faisant suivre le commandement de CESSEZ LE FEU ! de celui de :
REFERMEZ LES CAISSES.

58. **Comment est-il repris ?**

Si les données du tir sont les mêmes, au commandement de :
Même hausse
FEU !

Si l'objectif est changé le chef de section commande :
Changement d'objectif. Il le désigne, donne la nouvelle hausse et commande : FEU !

Les changements de hausse sont indiqués au commandement de :
HAUSSE = TANT.

59. Lorsque les deux pièces doivent tirer à la fois, lorsqu'on doit tirer sans fauchage ou à une cadence autre que la moyenne, comment le chef de section l'indique-t-il ?

Chaque fois que des modifications doivent être apportées dans l'exécution du tir habituel des mitrailleuses, le chef de section les indique dans le commandement préparatoire. Exemples :

Pour les deux pièces :

Hausse = tant

Tir bloqué (ou *débloqué sans fauchage*), *cadence lente* (ou *rapide*)

FEU !

CHAPITRE IV

SERVICE DE LA MITRAILLEUSE

60. Que comprend le service de la mitrailleuse ?

Tout ce qui a trait à la préparation et à l'exécution du tir.

61. Par qui ce service est-il assuré ?

Le service de la mitrailleuse modèle 1907 est assuré par un tireur, un chargeur et un aide-chargeur. Ces servants sont dirigés par un caporal dans chaque pièce

62. Quelles sont les fonctions du caporal chef de pièce ?

Il choisit avec soin l'emplacement de sa pièce afin d'éviter tout déplacement inutile et préjudiciable à tous les points de vue.

Il reçoit du chef de section les éléments du tir qu'il transmet au tireur. Il dirige les servants et observe les résultats du tir. Il transporte généralement deux caisses à munitions.

63. Fonctions du tireur ?

Pointer et armer la mitrailleuse qu'il transporte. Tirer en exécutant le fauchage sur le front.

64. Fonctions du chargeur?
Alimenter l'arme en munitions, disposer et transporter le trépied.

65. Fonctions de l'aide-chargeur?
Disposer les caisses à munitions, préparer les bandes à portée du chargeur. Transporter, monter et démonter le support pivotant. Transporter également une caisse à munitions.

Article I. — Opérations concernant la préparation du tir.

Mettre la mitrailleuse en batterie.

66. Que comprend la mise en batterie?
La mise en batterie comprend trois opérations distinctes, savoir :
1° Déplier le trépied;
2° Monter le support pivotant;
3° Disposer la mitrailleuse sur son affût.

67. Comment se déplie le trépied?
Le redresser sur sa bêche, le pivot en dessus, en se plaçant face à la bêche en avant du pivot.
Saisir les deux pieds antérieurs et les ramener vers l'avant en les faisant pivoter, sans les séparer.
Les écarter, les faire reposer sur le sol et appuyer sur le compas avec le pied.
Ensuite :
Allonger complètement la flèche après avoir desserré le boulon à manette.
Fixer la selle à 10 centimètres du système télescopique, bloquer les deux boulons (flèche et selle).

68. Quelles sont les positions que peut avoir le trépied?
1° La position normale obtenue comme il vient d'être expliqué;
2° La position du tireur couché.

69. Comment dispose-t-on le trépied pour la position du tireur couché ?

L'affût étant en batterie à la position normale de tir :

Libérer les articulations de chacun des pieds en faisant décrire un demi-cercle aux manivelles de genouillère.

Amener l'affût à terre en le soutenant sous le corps de pivot et en le poussant vers l'avant.

Faire décrire un demi-tour à la manivelle d'arrêt de position de flèche, la ramener à sa position première après que la partie arrière de la flèche a pris contact avec le sol.

70. Pour revenir à la position normale, que fait-on ?

On exécute l'inverse des opérations indiquées pour prendre la position du tireur couché.

71. Comment se monte le support pivotant ?

Coiffer le pivot avec le support pivotant.

Avoir soin d'orienter celui-ci de manière que le corps du support soit en dehors du secteur strié.

Relever, s'il y a lieu, le levier de blocage.

Faire tourner le support de manière que les mâchoires viennent embrasser le secteur strié.

Abaisser le levier de blocage.

72. Manière de disposer la mitrailleuse sur l'affût ?

L'affût monté étant en batterie, les sus-bandes ouvertes :

Saisir la mitrailleuse, la main gauche à la poignée, la main droite au canon, les ongles en dessous.

Se placer à droite et face à l'affût.

Engager les tourillons dans leurs encastrements, fermer les sus-bandes, maintenir la poignée et fixer la vis de pointage par son crochet à la noix de la chape en faisant pivoter la vis d'avant en arrière.

Le chef de pièce agit sur l'écrou moleté du pied antérieur droit, suivant les indications du tireur, de façon à placer la pièce horizontalement.

73. Quelles sont les places des servants lorsque la pièce est en batterie ?

Le chargeur est face en avant ou couché sur le dos et à 50 centimètres à gauche du couloir d'alimentation.

L'aide-chargeur, à 80 centimètres à gauche et en arrière du chargeur.

Le tireur est assis sur la selle, le corps en arrière, les jambes allongées, la main droite à la poignée, la main gauche au volant.

Le chef de pièce se tient en arrière et un peu à droite du tireur.

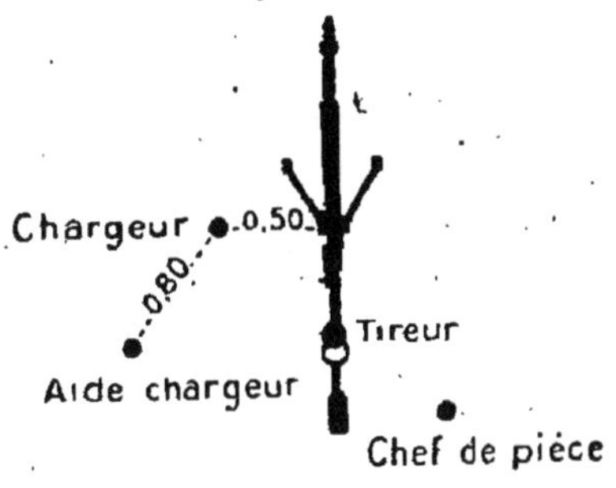

Article II. — Opérations concernant l'exécution du tir.

(Service de la mitrailleuse.)

Les mitrailleuses étant en batterie, les servants à leurs postes, l'objectif désigné aux chefs de pièce, la hausse donnée.

Avant l'ouverture du feu.

74. Que fait le chef de pièce?

Le chef de pièce répète au tireur les indications du chef de section, concernant :

1° L'objectif;

2° La hausse;

Il s'assure que le tireur a bien compris.

Si l'objectif est difficile à distinguer il pointe lui-même l'arme. Il vérifie toujours la hausse.

75. Que fait le tireur?

1° Il dispose la hausse pour la distance indiquée;

2° Il pointe l'arme, d'abord en direction en agissant sur la poignée, puis en hauteur au moyen du volant de pointage;

3° Il abaisse le levier de blocage sans déranger le pointage.

Avant ces diverses opérations le tireur doit :

1° Disposer le régulateur d'échappement des gaz;

2° Et placer le levier de réglage de la vitesse de façon à obtenir la cadence de tir normale.

76. Comment dispose-t-on le régulateur?

Au moyen du levier de manœuvre du régulateur contenu dans la caisse d'outillage n° 2, à défaut avec un étui vide.

Avant le tir le tireur le dispose de façon à ne laisser pénétrer dans l'appareil moteur que la quantité de gaz nécessaire au bon fonctionnement de l'arme. Trop de poussée amène des ruptures de pièces. Pas assez donne des ratés.

Au cours du tir, si le régulateur doit être modifié, le tir est interrompu, et c'est le chargeur qui le manœuvre.

77. A quelle division doit-on le disposer?

La division qui convient varie avec les circonstances atmosphériques et le degré d'échauffement de l'arme.

Avant le tir. Dans des conditions normales la division 2 pour le tir à balles et la division 4 pour le tir à blanc conviennent généralement.

Au cours du tir. On doit surveiller l'éjection des étuis : s'ils tombent à plus de 1m50 à 2 mètres de la pièce, on diminue la poussée; on l'augmente dans le cas contraire.

78. Avant l'ouverture du feu, que fait le chargeur?

1° Il dispose par séries de quatre les bandes contenues dans l'une des caisses portées par le chef de pièce;

2° Il s'assure que les cartouches sont bien placées, notamment que les bourrelets ne font pas saillie;

3° Il tient une bande dans les mains.

79. Que fait l'aide-chargeur?

1° Il pose les deux caisses qu'il transportait (après

avoir monté le support il a reçu une deuxième caisse des pourvoyeurs) sans les ouvrir ;

2° Il dispose à proximité du chargeur les bandes de la deuxième caisse portée par le chef de pièce, et vérifie le placement des cartouches.

80. Comment sont disposées les bandes?

Les bandes sont disposées par séries de quatre de façon à ne pas avoir à les retourner avant de les introduire dans le couloir (les cartouches en dessous, les balles en avant ou à gauche).

81. Que fait le télémétreur?

Le télémétreur apprécie la distance de l'objectif indiqué et la donne au chef de section.

Il fait ensuite un croquis de repérage (voir Annexe n° V) en appréciant les distances des points de passage probables de l'ennemi.

Il signale les groupes qu'il aperçoit, avec la distance.

82. Que fait le sous-officier?

1° Il seconde le chef de section ;

2° Il guide le télémétreur ;

3° Il choisit avec soin l'emplacement de l'abri et les cheminements des pourvoyeurs. Il est responsable du ravitaillement ;

4° Muni de sa jumelle il fouille l'horizon et signale les objectifs nouveaux avec la distance.

Aux commandements préparatoires de « Tel objectif, Telle pièce, Hausse = tant », etc.

83. Que fait le caporal chef de pièce?

Il répète, si besoin est, les indications du chef de section et s'assure que le tireur a compris. Il vérifie toujours la hausse.

84. Que fait le chargeur?

Il charge l'arme.

85. Comment s'opère le chargement?

Le chargeur engage une bande dans le couloir, les cartouches en dessous, les balles en avant. Il pousse franchement mais sans effort jusqu'à ce que se produise l'encliquetage annonçant que l'opération s'est bien effectuée.

Si l'encliquetage ne se produit pas, le chargeur retire la bande et la remet après que le tireur a manœuvré deux fois l'arme à vide.

Il prend ensuite une nouvelle bande.

86. Que fait le tireur ?

1° Il débloque l'arme à moins d'indication contraire ;

2° Il modifie s'il y a lieu le levier de réglage de la cadence ;

3° Il arme après que la bande a été engagée ;

4° Il rectifie le pointage.

Au commandement de « Feu ! »

87. Que fait le tireur ?

Il dirige la ligne de mire sur l'objectif et agit sur la détente qu'il maintient en arrière avec l'index de la main droite.

Il tient fortement la poignée en exerçant une traction de haut en bas et vers l'arrière.

Pendant l'exécution du feu.

88. Que fait le sous-officier ?

Il observe les effets du feu avec sa jumelle.

Il prévient le chef de section lorsqu'une troupe ennemie apparaît et il en donne la distance.

Il tient constamment le chef de section au courant des disponibilités en cartouches.

Il fait assurer le ravitaillement de façon à ce que chaque pièce dispose de quatre caisses de cartouches pleines et d'un bidon rempli d'eau.

89. Que fait le télémétreur ?

Il observe les effets du feu avec le télémètre.

90. Que fait le chef de pièce ?

Il veille au bon fonctionnement de la pièce. Il surveille notammment l'éjection des étuis et fait modifier s'il y a lieu le régulateur.

91. Que fait le tireur ?

Il s'efforce de maintenir la ligne de mire sur l'objectif désigné en exécutant, à moins d'ordre contraire, le fauchage.

Il suspend le feu de sa propre initiative dans les deux cas suivants :

1° Si l'objectif disparaît ;

2° Ou si un incident de tir se produit.

Lorsque la pièce a été remise en état ou lorsque l'objectif apparaît à nouveau le tireur reprend le tir sans autre indication.

92. Qui remédie aux incidents de tir?

C'est le tireur sous la surveillance et au besoin avec l'aide du chef de pièce. S'ils n'y parviennent pas, ou en cas de rupture de pièce, on a recours à l'armurier.

93. Que fait le chargeur ?

Il alimente l'arme en munitions.

94. Comment ?

En engageant une nouvelle bande dès que la précédente ne contient plus que cinq ou six cartouches.

Pour cela éviter d'exercer une pression trop forte et abandonner la bande lorsqu'elle est engagée dans le barillet.

Commandement de « Halte au feu ! »

95. Que signifie ce commandement ?

Que le feu est momentanément interrompu mais qu'il faut se tenir prêt à le continuer. Il correspond à celui de « Cessez le feu ! » de l'infanterie.

96. Que fait le tireur à ce commandement ?

Il abandonne la détente.

Commandement de « Cessez le feu ! »

97. Que signifie ce commandement ?

Que le feu ne doit pas être repris immédiatement.

98. A ce commandement, que fait le tireur?
Il abandonne la détente et bloque la pièce.

Lorsque le chargeur a retiré la bande il enlève la culasse et la cartouche engagée dans l'élévateur. Il replace ensuite la culasse et referme la boîte de culasse.

99. Et le chargeur?
Il retire la bande engagée en agissant sur le bouton de débrayage du barillet ou du rocher d'arrêt.

100. Que font les chefs de pièce?
Ils rendent compte après chaque tir des munitions consommées. Ils répètent toujours les commandements relatifs à la cessation du feu.

101. Et les servants?
Comme les chefs de pièce ils répètent les commandements de cessation du feu.

Commandement de « Cessez le feu = Refermez les caisses ».

102. Que signifie ce commandement?
Que le tir est terminé et qu'un changement de position est à prévoir.

103. Que font le chargeur et l'aide-chargeur?
Ils replacent les bandes dans les caisses.

104. Que fait le tireur?
La même chose qu'après le commandement de « Cessez le feu! » Il replace en outre la hausse et rabat le guidon.

Nettoyage de l'arme et refroidissement à l'eau du canon après le tir.

105. Comment s'opère le nettoyage de l'arme après un tir?
Après un tir de quelque durée, le chef de section peut commander :

Telle pièce = NETTOYAGE!

Le tireur enlève la culasse et nettoie rapidement le mécanisme.

Le chargeur graisse le piston moteur.

Dès que l'opération est terminée le chef de pièce rend compte au chef de section :

Telle pièce = PRÊTE.

106. Comment s'opère le refroidissement à l'eau du canon ?

Accrocher la culasse.

Faire tourner le canon d'un demi-tour en le dévissant.

Engager l'entonnoir spécial dans le trou d'éjection des étuis, le fixer dans cette position en ramenant doucement la culasse en avant.

Incliner le canon vers le bas.

Faire couler l'eau dans l'entonnoir, lentement d'abord pour éviter les projections, et continuer jusqu'à ce que le canon soit refroidi.

Visser le canon et le graisser ainsi que l'appareil moteur si le tir ne doit pas être repris immédiatement.

CHAPITRE V

FORMATIONS ET MARCHES

107. Quelles sont les formations de la section de mitrailleuses ?

Sans le matériel et lorsque le matériel est déchargé la section est formée conformément aux prescriptions du Règlement sur les manœuvres de l'infanterie.

Avec le matériel chargé elle peut prendre les diverses formations qui suivent :

Formations de route ;

Formations de manœuvre ;

Formations de revue, de défilé et de bivouac ;

Et les formations de rassemblement.

108. Quelles sont les formations de route?

La formation habituelle de route est formée des deux pièces accolées en colonne par deux sans intervalle et suivies de l'échelon formé comme il est dit ci-après.

Dans les chemins étroits et en terrains variés les pièces peuvent marcher l'une derrière l'autre et au besoin se mettre en colonne par un en dédoublant.

109. Comment est formée la colonne par deux de la pièce?

La colone par deux, qui est la formation habituelle de la pièce, est formée de la façon suivante :

Au premier rang le caporal chef de pièce et le tireur à sa gauche ;

Au deuxième rang le cheval de pièce et son conducteur ;

Au troisième rang, le chargeur à droite et l'aide-chargeur à gauche.

110. Comment marche l'échelon?

L'échelon réuni marche en colonne sur deux animaux de front :

Au premier rang les quatre pourvoyeurs ;

Au deuxième le caporal approvisionneur avec un cheval de munitions à sa droite ;

Les troisième et quatrième rangs sont composés de deux chevaux de munitions marchant de front ;

Au cinquième rang marchent : à droite le cheval haut-le-pied et à gauche un cheval de munitions.

111. Quels sont les intervalles et les distances qui séparent les divers éléments de ces formations?

Les hommes prennent 15 centimètres d'intervalle et 1 mètre de distance.

Les chevaux ou mulets sont disposés de façon qu'un intervalle de 50 centimètres sépare les charges ; ils sont à 1 mètre de distance des hommes ou des animaux qui les précèdent.

112. Comment est prise la colonne de route?

Le chef de section commande :

Colonne de route!

et indique la direction.

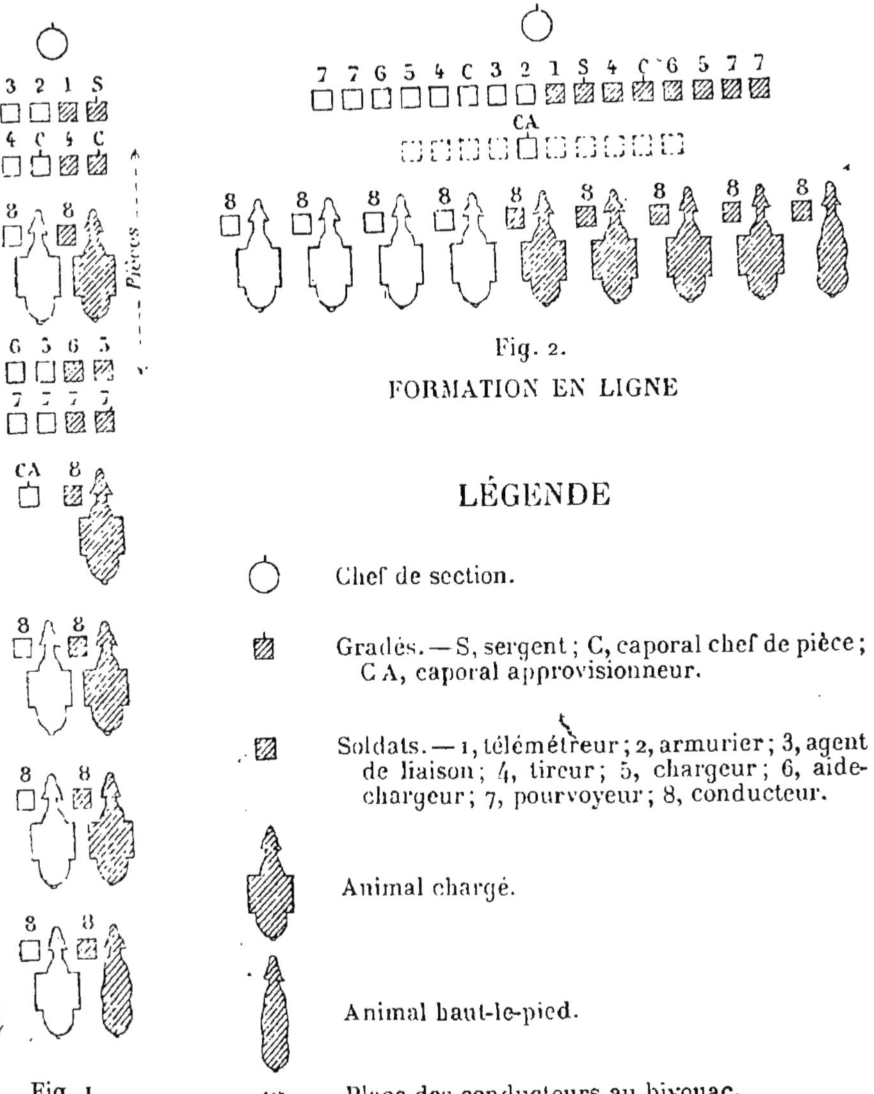

Fig. 2.
FORMATION EN LIGNE

LÉGENDE

Chef de section.

Gradés. — S, sergent ; C, caporal chef de pièce ; CA, caporal approvisionneur.

Soldats. — 1, télémétreur ; 2, armurier ; 3, agent de liaison ; 4, tireur ; 5, chargeur ; 6, aide-chargeur ; 7, pourvoyeur ; 8, conducteur.

Animal chargé.

Animal haut-le-pied.

Place des conducteurs au bivouac.

Fig. 1.
COLONNE DE ROUTE

NOTA. — Les signes hachurés représentent les éléments de la première pièce les éléments de l'échelon qui la suivent, quand celui-ci ne marche pas réuni.

Chacun prend la place indiquée dans le tableau ci-dessus.

Le sous-officier surveille le rassemblement et ne prend sa place que lorsque la colonne est constituée.

Cette formation est prise de pied ferme ou en marche et en partant d'une formation quelconque.

Si les pièces doivent être l'une derrière l'autre, indiquer la pièce de tête.

113. Quelles sont les formations de manœuvre ?

La section manœuvre généralement en ligne de pièces en colonne par deux à intervalles variables.

L'échelon peut rester réuni ou être divisé entre les deux pièces. Dans ce cas, la moitié du personnel et des animaux suit la pièce de droite. Le caporal approvisionneur, à moins d'ordre contraire, suit la pièce de gauche.

En terrains variés on peut former la section en ligne de pièces en colonne par un.

114. A quel commandement est prise la formation de ligne de pièces ?

Au commandement de :

En ligne de pièces, à tant de mètres d'intervalle, sur la pièce de droite (gauche) ou

En ligne de pièces en colonne par un, à tant de mètres.....

115. Comment se forme ensuite la section ?

Chaque chef de pièce servant de guide à sa pièce la conduit à la place qu'elle doit occuper par les moyens les plus simples.

La deuxième pièce se conforme aux mouvements de la première en se tenant, à moins d'ordre contraire, derrière elle ou à sa gauche.

La colonne est reformée en resserrant l'intervalle entre les deux pièces.

116. Comment se forme la section pour les revues, défilés et le bivouac ?

La formation prise par la section pour les revues, défilés et le bivouac, et quand le terrain l'exige, est indiquée à la figure 2 ci-dessus.

117. A quel commandement cette formation est-elle prise ?

Au commandement de :

EN LIGNE !

118. Que se passe-t-il à ce commandement ?

La section étant en colonne :

Le premier rang de la section et les chevaux de pièce s'arrêtent. Les hommes de la première pièce déboîtent et se forment à droite en ligne à hauteur du premier rang.

La pièce de gauche exécute le même mouvement vers la gauche.

L'échelon se déploie de la même manière.

119. Quelles sont les formations de rassemblement ?

La section doit être rompue à se rassembler dans l'une quelconque des formations ci-dessus, qu'elle soit de pied ferme ou en marche, aux indications :

Colonne de route.

Ligne de pièces, à..... mètres d'intervalle sur telle pièce.

En ligne.

En colonne, telle pièce en tête, etc.....

120. Les sections utilisent-elles les signaux pour manœuvrer ?

La section emploie des signaux particuliers pour manœuvrer ; elle utilise en outre ceux qui sont prévus pour les manœuvres de l'infanterie.

121. Quels sont ces signaux spéciaux ?

Ces signaux sont les suivants :

En batterie homme par homme : placer l'avant-bras droit horizontalement au-dessus de la tête, la main à gauche.

En batterie tous à la fois : placer l'avant-bras comme ci-dessus mais faire ensuite le signal « Accélérer l'allure ».

Demande de munitions : les bras tendus horizontalement.

Appel à l'armurier : un bras tendu horizontalement.

CHAPITRE VI

MANŒUVRE DE LA SECTION

122. A quelle allure manœuvre la section ?

La section marche et manœuvre au pas ; exceptionnellement et pour de faibles parcours, les hommes peuvent prendre le pas gymnastique, les animaux le trot.

Les déplacements à bras ou sur l'épaule ne s'exécutent qu'au pas.

123. Quel est le principe qui doit guider dans le choix des itinéraires ou des positions de la section ?

Défiler la section et demeurer aussi peu visible que possible.

124. Quelles sont les opérations successives précédant le tir des mitrailleuses au combat ?

Le matériel est d'abord déchargé à la *position dite de déchargement*.

La section de manœuvre se divise alors en deux groupes :

Le 1er, formé de la section de tir et des pourvoyeurs, est rassemblé à la *première position d'abri*.

Le 2e, comprenant le reste de l'échelon, va s'efforcer de rester en liaison avec le 1er groupe.

Le matériel est transporté de *position d'abri en position d'abri*. Il est inspecté et disposé de façon à préparer la mise en batterie.

La mise en batterie s'effectue sur la *position de tir*. On exécute ensuite le feu.

§ 1. — Position de déchargement.

125. Qu'est-ce que la position de déchargement ?

C'est la position où le matériel est déchargé des animaux de bât pour être transporté à bras ou sur l'épaule par le personnel de la section.

126. A quel moment a-t-on recours au transport à bras ou sur l'épaule ?

Lorsque le transport sur animaux de bât offre un trop grand danger, ou lorsqu'on prévoit une mise en batterie prochaine.

127. Qui détermine la position de déchargement ?

C'est le chef de section, qui, dès qu'un engagement est probable, se rend, avec l'agent de liaison, auprès du commandant des troupes auxquelles la section est affectée.

Dès que le moment lui paraît venu de décharger, après une reconnaissance du terrain le chef de section détermine la position de déchargement et une première position d'abri.

128. Que fait ensuite le chef de section ?

Il envoie au sous-officier par l'agent de liaison l'ordre : *Déchargez et amenez*.

129. Au reçu de cet ordre, que fait le sous-officier ?

Guidé par l'agent de liaison, il conduit la section à la position de déchargement.

Il fait poser les sacs (section alpine seulement) de la section de tir et des pourvoyeurs, fait mettre les armes en bandoulière et décharger le matériel.

Il rassemble le plus tôt possible le personnel de la section de tir et les pourvoyeurs qu'il conduit à la première position d'abri avec le matériel transporté à bras ou sur l'épaule.

Il a le souci constant de bien défiler la section.

130. Comment est réparti le matériel pour le transport ?

Les chefs de pièce transportent chacun deux caisses à munitions ;

Les tireurs les mitrailleuses ;

Les chargeurs les trépieds ;

Les aides-chargeurs les supports et une caisse à munitions chacun ;

Le télémétreur le télémètre et son trépied ;

L'armurier les deux caisses d'accessoires ;

Chaque pourvoyeur deux caisses à munitions.

§ 2. — Positions d'abri.

131. Qu'appelle-t-on positions d'abri ?
Ce sont les divers points où la section s'arrête et s'abrite pour se rendre de la position de déchargement à celle du tir.

132. Que fait-on aux positions d'abri ?
A la première et à la dernière on exécute diverses opérations qui ont pour but de faciliter la mise en batterie et de hâter l'ouverture du feu.

133. Que fait-on à la première position d'abri ?
A cette position :
Le chargeur déplie le trépied ;
Le tireur inspecte l'arme, dispose le régulateur d'échappement des gaz, le levier de réglage de vitesse du tir et relève le guidon.

134. Et à la dernière position d'abri ?
Dès que les chefs de pièce se sont portés en avant sur l'ordre du chef de section :
Le tireur inspecte une dernière fois la mitrailleuse ;
L'aide-chargeur passe le support pivotant au chargeur et se fait remettre une caisse de cartouches ;
Le chargeur monte le support et dispose s'il y a lieu la mitrailleuse pour tirer couché.

135. Qui détermine les positions d'abri ?
C'est le chef de section.

§ 3. — Position de tir. Mise en batterie.

136. Comment s'effectue la mise en batterie sur la position de tir ?
Le chef de section détermine l'emplacement de chaque pièce et du télémètre.
Il appelle les chefs de pièce et le télémétreur. Il les dirige du geste sur leur emplacement et désigne l'objectif.
Les caporaux déposent à terre leurs caisses et se couchent face à la direction indiquée.

Le tireur, le chargeur et l'aide-chargeur exécutent ce qui est prescrit ci-dessus, nº 134.

Le chef de section commande ensuite :

En batterie ou *Homme par homme en batterie.* Le mouvement peut se faire aussi par pièce ; le chef de section l'indique alors dans son commandement.

137. Au commandement de « En batterie » que se passe-t-il ?

Le chargeur transporte le trépied et le support monté, il le dispose en avant du caporal qui lui indique la direction.

Il dispose les cartouches, et se place comme il est dit au nº 73.

Le tireur et l'aide-chargeur exécutent ce qui est prescrit aux nºs 75 et 79.

138. Où se placent les pourvoyeurs et l'armurier ?

A l'abri à proximité de la position de tir.

Pour l'exécution du tir, voir chap. IV, art. II.

Changement de position.

139. Comment s'exécutent les changements de position ?

En employant l'un des moyens suivants :

A bras, sans démonter le matériel ;

En démontant le matériel qui est transporté à bras ou sur l'épaule.

140. Comment s'opère le transport à bras ?

A l'indication de : *A bras,* le tireur saisit des deux mains la semelle de bêche, le chargeur le pied gauche du trépied, l'aide-chargeur l'autre pied. A l'indication : *Ferme,* du chef de pièce, les trois servants soulèvent l'affût et se mettent en marche. La pièce est reposée au commandement de : En batterie.

141. Quels sont les inconvénients de ce mode de transport ?

C'est que la visibilité de la section dans le mouvement « A bras » est considérable.

142. Circonstances d'emploi ?

Lorsque l'ouverture du feu est urgente ou lorsque le trajet est très court.

143. A quel commandement s'exécute-t-il ?

Au commandement de :

A BRAS = EN BATTERIE = RAVITAILLEMENT.

Chaque pièce est portée comme il vient d'être dit et les pourvoyeurs ravitaillent immédiatement sur la nouvelle position.

144. Comment s'exécute le changement de position, le matériel démonté ?

Le chef de section commande : *Démontez et amenez.*

Il fait placer les chefs de pièce comme pour une mise en batterie ordinaire et commande ensuite :

En batterie ou *Homme par homme en batterie* ou *Par pièce,* etc.

Les pièces sont mises en batterie et le ravitaillement est fait par les pourvoyeurs sur le nouvel emplacement.

145. Si la nouvelle position de tir est éloignée que fait-on ?

Si le matériel doit être transporté à bras ou sur l'épaule, le chef de section commande :

Démontez = à l'abri, ou *démontez, en tirailleurs à tant de pas* = MARCHE !

Le chef de section détermine des positions d'abri successives où il se rend par les procédés de l'infanterie ou à l'aide de l'une des formations de manœuvre de la section. Il occupe ensuite la nouvelle position de tir.

Si le matériel doit être transporté sur bâts, le chef de section commande :

Démontez à l'abri !

La section est ensuite conduite à l'échelon où le matériel est rechargé. On se rend ensuite à l'emplacement de tir par les moyens déjà indiqués.

146. Pour recharger les animaux comment procède-t-on ?

Le caporal commandant l'échelon, prévenu des

intentions du chef de section, a fait décharger les sacs (section type alpin).

Les bâts sont chargés (voir annexe II).

Les hommes reprennent leurs sacs (section alpine).

Ravitaillement.

Il est de la plus haute importance que le ravitaillement soit assuré d'une façon constante.

Le sous-officier est particulièrement chargé de le surveiller et d'en assurer l'exécution.

147. Pendant le tir comment sont réparties les munitions ?

1° Les pièces disposent chacune des quatre caisses portées par les chefs de pièce et les aides-chargeurs ;

2° En arrière les pourvoyeurs constituent un approvisionnement de cartouches (6 caisses au moins) ;

3° L'échelon transporte le surplus des munitions (22 caisses) ;

4° Le train de combat qui se trouve en tête de celui de la fraction à laquelle sont affectées les mitrailleuses constitue l'échelon de réserve.

148. Où sont placés les pourvoyeurs ?

Lorsqu'il existe un abri à proximité des pièces (100 mètres au maximum), dans cet abri, où le chef de section peut constituer un approvisionnement de cartouches.

A défaut d'abri naturel les pourvoyeurs, sous la conduite d'un sous-officier, en constituent un.

149. Comment s'opère le ravitaillement ?

Deux des quatre pourvoyeurs restés dans l'abri complètent à quatre par pièce le nombre des caisses pleines qui doivent se trouver sur la ligne des pièces, lorsque l'ordre en est donné.

Les deux autres pourvoyeurs assurent le va-et-vient entre l'échelon et l'abri. Si les pourvoyeurs ne suffisent pas à ce dernier ravitaillement, le sous-officier demande quelques hommes aux compagnies voisines.

150. Comment est assuré le ravitaillement de l'échelon par le train de combat?

Ce ravitaillement est assuré par le commandant de l'unité à laquelle la section est affectée.

Le chef de section provoque des ordres.

Des hommes pris dans les compagnies transportent les munitions.

En cas d'urgence, le train de combat se porte à l'échelon.

APPENDICE

Résumé des fonctions des gradés et soldats des sections de mitrailleuses.

151. Fonctions du sous-officier.

Auxiliaire direct du chef de section qu'il seconde dans tous les détails de l'instruction et du service, le sous-officier adjoint a dans la section de mitrailleuses les mêmes attributions que celles du sergent de section dans la section.

A la manœuvre il surveille les rassemblements.

Chaque fois que, pour un motif quelconque, le lieutenant quitte provisoirement la section, le commandement passe au sous-officier.

C'est à lui qu'il appartient alors de se rendre au point indiqué ou de marcher dans la direction donnée en utilisant les cheminements les mieux défilés aux vues de l'ennemi.

A la position de déchargement il fait décharger le matériel et rassemble le plus tôt possible le personnel de la section de tir à la première position d'abri.

A la première position d'abri il veille à ce que le matériel soit inspecté soigneusement et ses organes (pièces et affûts) disposés afin de faciliter la mise en batterie prochaine.

Sur l'emplacement de tir il choisit avec soin l'abri des pourvoyeurs.

Il guide le télémétreur. Avec sa jumelle il fouille le terrain et signale au chef de section les objectifs nouveaux qui se présentent. Il en donne la distance.

Il tient le chef de section au courant des disponibilités en munitions et doit assurer le ravitaillement entre l'échelon et la section de tir.

Il dispose à cet effet des pourvoyeurs et, en cas de besoin, peut demander quelques hommes aux compagnies voisines.

152. Fonctions des caporaux chefs de pièce.

Chaque caporal chef de pièce a le commandement d'une escouade, l'un des deux peut en outre être chargé des écritures.

Les fonctions des chefs de pièce sont les mêmes que celles d'un chef d'escouade.

Ils sont responsables chacun d'une pièce.

Ils doivent avoir à cœur de la tenir dans un parfait état d'entretien. Ils disposent à cet effet des servants qu'ils dirigent.

A la manœuvre le chef de pièce transporte généralement deux caisses à munitions.

Il dirige sa pièce pour prendre les formations prescrites.

Sur la position de tir il jalonne l'emplacement de sa pièce qu'il choisit avec soin, afin d'éviter tout déplacement inutile et préjudiciable à tous les points de vue.

Il guide le chargeur et oriente lui-même l'affût.

Il aide le tireur à fixer la pièce et sur les indications de ce dernier agit sur la molette fixée sur le pied droit du trépied.

Pendant le tir :

Le chef de pièce répète les indications concernant le tir données par le chef de section, notamment le commandement de « Cessez le feu ».

Après chaque tir il rend compte du nombre de cartouches brûlées.

Telle pièce... tant de cartouches brûlées.

En cas d'arrêt dans le fonctionnement de sa pièce, il guide le tireur et appelle, au besoin, l'armurier.

Si un nettoyage ou un refroidissement à l'eau est prescrit, le chef de pièce en surveille l'exécution et rend compte lorsque l'opération est terminée.

Telle pièce... prête.

153. Fonctions du caporal approvisionneur.

Appelé aussi caporal commandant l'échelon, le caporal approvisionneur est chargé de tout ce qui a trait à la surveillance et à la tenue de l'échelon (personnel, matériel, animaux). Il est responsable du matériel.

Lorsque le matériel a été déchargé, dans les sections du type alpin, il fait arrimer les sacs du personnel de la section de tir sur les mulets.

Il doit ensuite s'efforcer de se tenir en liaison constante avec la section de tir.

Dans les déplacements successifs il doit choisir un itinéraire aussi défilé que possible.

Il ne doit pas oublier que le chef de section doit pouvoir le trouver à tout moment. Aussi le commandant de l'échelon ne doit épargner aucun effort pour remplir au mieux les fonctions parfois délicates qui lui incombent.

154. Fonctions du télémétreur.

Une erreur de hausse de 50 mètres réduit considérablement les effets du feu.

Cela montre quelle est l'importance des appréciations faites par le télémétreur.

Aussi doit-il les faire avec beaucoup de soin.

Il doit s'exercer à les faire très rapidement et à exécuter des croquis rapides de repérage du terrain.

Pendant le tir il observe les résultats du feu et provoque par ses indications les modifications de hausses nécessaires.

Il fouille le terrain et signale avec leur distance les objectifs nouveaux qui se présentent.

Pendant les marches il porte son télémètre dans l'étui, lorsque le matériel est déchargé il transporte également le pied du télémètre.

155. Fonctions de l'armurier.

L'armurier est responsable des deux caisses d'accessoires et rechanges qu'il transporte lorsque le matériel est déchargé.

Pendant le tir il se tient avec les pourvoyeurs.

En cas d'enrayage, il y remédie si le tireur ou le chef de pièce n'ont pu remettre la pièce en état. S'il y a rupture de pièce il la remplace lui-même.

Il doit connaître à fond tout ce qui a trait au fonctionnement et à l'entretien des pièces. Il doit pouvoir exécuter les réparations courantes.

156. Fonctions du tireur.

Le tireur transporte, monte et démonte la mitrailleuse.

A la position de déchargement il décharge sa pièce qu'il transporte sur l'épaule après s'être muni de l'épaulière.

A la première position d'abri il inspecte soigneusement la mitrailleuse, relève le guidon et dispose les leviers de régulateur et de réglage de la vitesse du tir.

Il inspecte à nouveau sa pièce à la dernière position d'abri.

Arrivé sur la position de tir, il monte la mitrailleuse, indique au chef de pièce dans quel sens celui-ci doit agir sur la vis moletée; il dispose la hausse et pointe sur l'objectif désigné.

Pendant le tir il maintient la ligne de mire sur l'objectif au moyen de la poignée et du volant de pointage et exécute s'il y a lieu le fauchage.

Il interrompt de lui-même le tir en cas d'arrêt dans le fonctionnement de la pièce ou si l'objectif disparaît. Il reprend le feu sans autres indications lorsque ces causes ont cessé.

Il démonte la pièce et se sert, pour le démontage et le transport, des gants spéciaux.

Ses fonctions sont des plus importantes et exigent de sa part beaucoup de calme et de sang-froid.

157. Fonctions du chargeur.

Le chargeur porte le trépied, qu'il monte et démonte. Il transporte également le support entre la dernière position d'abri et celle de tir.

Il se tient à gauche de la pièce et peut se coucher sur le dos.

En arrivant sur la position de tir il dispose les bandes de l'une des deux caisses portées par le chef de pièce. Les autres bandes sont placées par l'aide-chargeur.

Il les place par séries de quatre et de façon à ne pas avoir à les retourner pour les introduire dans le couloir d'alimentation.

Il alimente l'arme en munitions et pendant les arrêts de tir tient toujours une bande dans les mains.

158. Fonctions de l'aide-chargeur.

L'aide-chargeur décharge le support, qu'il transporte avec une caisse à munitions.

Arrivé à la dernière position d'abri il passe le support au chargeur et reçoit des pourvoyeurs une deuxième caisse de cartouches.

Sur la position de tir, placé à gauche et en arrière du chargeur il dispose les bandes à proximité de ce dernier.

On ne doit disposer à la fois les bandes que de deux caisses à munitions par pièce.

Il remet les bandes dans les caisses à la fin du tir.

Si un déplacement à bras est prescrit il aide au transport de la pièce, les munitions sont transportées sur le nouvel emplacement par les pourvoyeurs.

Si le matériel est démonté l'aide-chargeur reprend le support et une caisse à munitions.

159. Fonctions des pourvoyeurs.

Les pourvoyeurs transportent chacun deux caisses à munitions.

A la position de déchargement ils déchargent les caisses à munitions et en remettent :

Deux à chaque chef de pièce;

Une à chaque aide-chargeur.

A la dernière position d'abri ils donnent une deuxième caisse à chaque aide-chargeur.

Pendant le tir, guidés par le sous-officier ils se placent dans l'abri indiqué ou en aménagent un en utilisant les accidents du sol.

Deux des pourvoyeurs se tiennent dans cet abri et sont chargés de compléter à quatre par pièce le nombre des caisses pleines.

Les deux autres pourvoyeurs assurent le va-et-vient entre l'abri et l'échelon.

En cas de changement de position, ils ravitaillent sur le nouvel emplacement.

160. Fonctions de l'agent de liaison cycliste.

L'agent de liaison est chargé de transmettre les ordres donnés par le chef de section, notamment celui de décharger et amener le matériel; il indique alors la position de déchargement et la première position d'abri au sous-officier.

Il est pourvu d'une bicyclette qu'il doit savoir monter et démonter. Il est chargé de son entretien ainsi que de celle du chef de section.

161. Fonctions des conducteurs.

Les conducteurs ont à soigner, conduire, harnacher et bâter leurs animaux.

Ils ne doivent pas oublier de rendre compte au caporal commandant l'échelon ou le train de combat chaque fois que l'état d'un animal paraît exiger des soins particuliers, notamment en cas de blessure produite par le bât ou le harnachement.

DEUXIÈME PARTIE

MATÉRIEL

TITRE I

MITRAILLEUSE (fig. 1 à 15)

CHAPITRE I

DESCRIPTION ET NOMENCLATURE

1. Quelles sont les parties principales de la mitrailleuse ?

La mitrailleuse comprend les pièces ou groupes de pièces ci-après :

1° Canon, radiateur et boîte de culasse ;
2° Appareil moteur ;
3° Tringle ;
4° Culasse mobile et verrou de fermeture ;
5° Détentes et appareil de réglage de la vitesse du tir ;
6° Mécanisme de distribution.

Article I. — Canon, radiateur et boîte de culasse.

2. A quoi sert le canon ?

A diriger le projectile.

3. Décrivez-le.

Le canon est à parois très épaisses ; son âme, du calibre de 8 m/m comme le fusil, est pourvue d'une rayure spéciale.

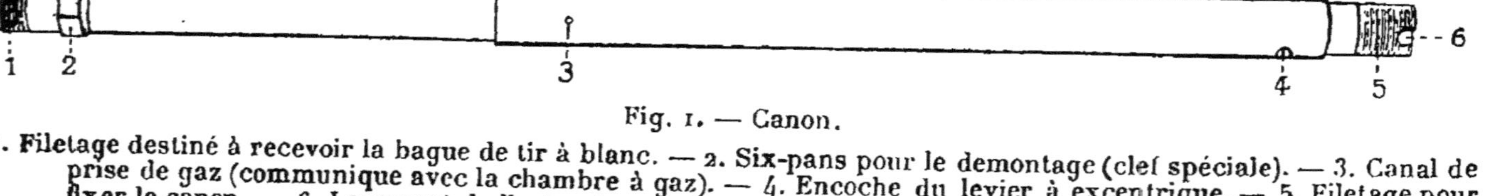

Fig. 1. — Canon.

1. **Filetage destiné à recevoir la bague de tir à blanc.** — 2. **Six-pans pour le demontage (clef spéciale).** — 3. **Canal de prise de gaz (communique avec la chambre à gaz).** — 4. **Encoche du levier à excentrique.** — 5. **Filetage pour fixer le canon.** — 6. **Logement de l'extracteur.**

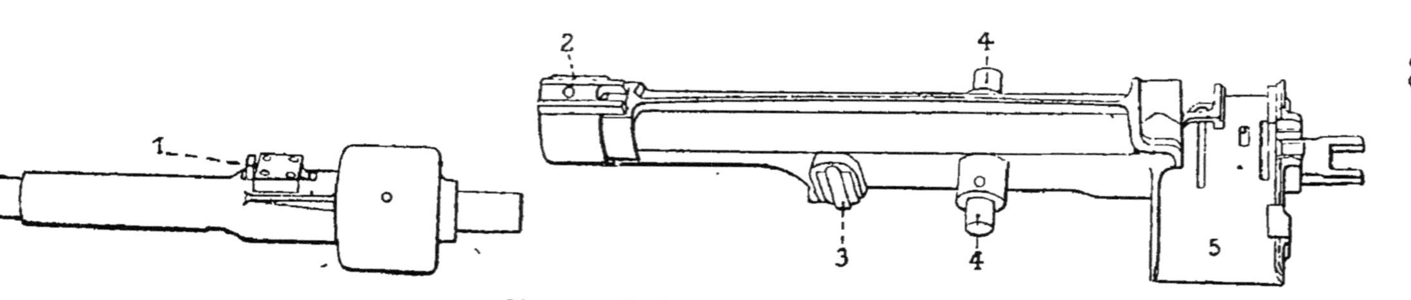

Fig. 2. — Radiateur.

Couvercle mobile à charnière.

Partie supérieure.

1. Poussoir de manchon de barillet. — 2. Guidon à rabattement. — 3. Moraillon à ressort. — 4. Tourillons. — 5. Couloir d'alimentation.

Il est vissé sur la boîte de culasse et maintenu en position par un levier à excentrique.

4. A quoi sert le radiateur ?

A retarder l'échauffement du canon qu'il entoure. Il supporte l'appareil moteur et enveloppe le mécanisme de distribution.

5. Décrivez-le.

Le radiateur est en bronze d'aluminium ; il comprend le radiateur proprement dit, et son couvercle maintenu par deux brides (partie inférieure).

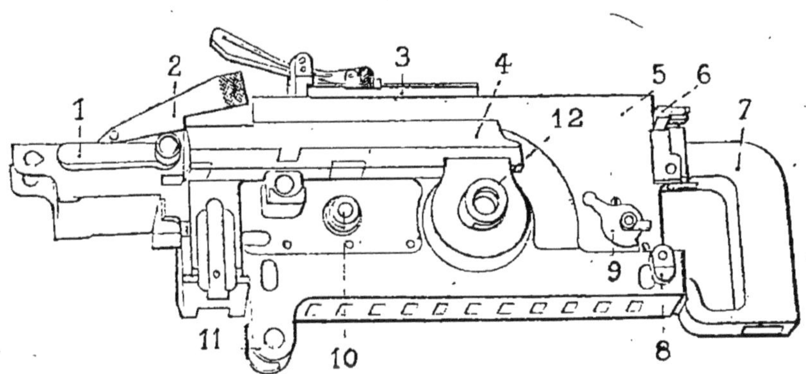

Fig. 3. — Boîte de culasse.

1. Levier à excentrique de fixation du canon.
2. Penne de couvercle.
3. Pied de hausse.
4. Volet à charnière (verrou de fermeture).
5. Boîte de culasse.
6. Pièce de sûreté.
7. Poignée.
8. Bouton de tir rapide.
9. Levier de réglage de la vitesse du tir.
10. Axe d'élévateur.
11. Chape d'attache.
12. Axe de pignon-manivelle.

6. A quoi sert la boîte de culasse ?

A contenir et à guider dans leurs mouvements diverses pièces du mécanisme, notamment la culasse mobile, le verrou de fermeture, le pignon-manivelle (fig. 3 *bis*), la crémaillère (fig. 3 *bis*) et l'élévateur.

7. Donnez-en la description.

La boîte de culasse est bronzée extérieurement.

Elle est fermée à droite par un volet à charnière maintenu par un penne, ce qui permet de visiter le mécanisme ; un deuxième volet ménagé sur sa face gauche recouvre le verrou de fermeture.

A sa partie postérieure est fixée une poignée en bronze.

A gauche, sur l'axe de pignon-manivelle, est monté le levier d'armement (fig. 3 *bis*).

Fig. 3 *bis*.

Levier d'armement (1).

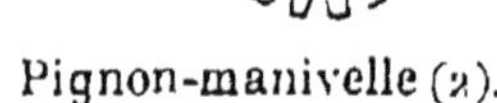

Pignon-manivelle (2).

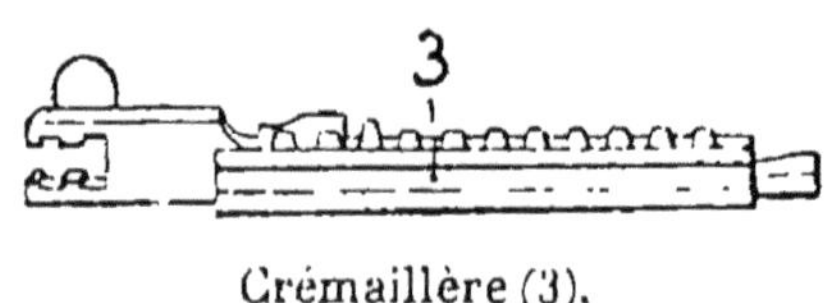

Crémaillère (3).

Article II. — Appareil moteur.

8. A quoi sert l'appareil moteur ?

Cet appareil actionné par les gaz de la poudre détermine le fonctionnement automatique de l'arme.

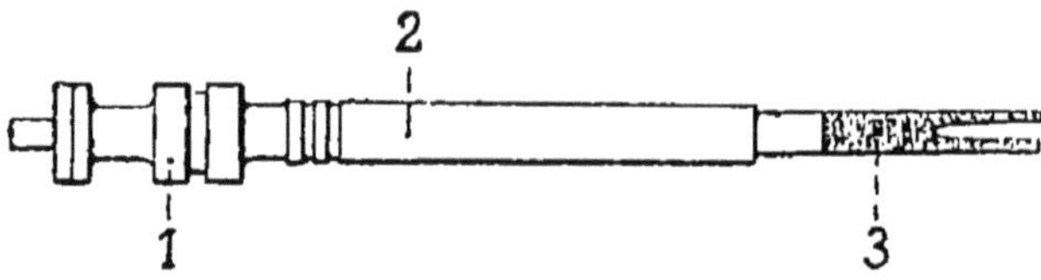

Fig. 4. — Piston moteur.

1. Cloisons mobiles. 2. Corps du piston.
3. Filetage vissé sur la tringle.

9. Quelles sont les pièces principales de l'appareil moteur ?

L'appareil moteur est composé des pièces suivantes :

1° Le *piston moteur* (fig. 4), sur lequel agissent les gaz.

Par l'intermédiaire de la tringle il fait mouvoir le mécanisme et comprime le ressort récupérateur ;

2° Le *manchon de chambre à gaz* (fig. 5), portant la chambre à gaz.

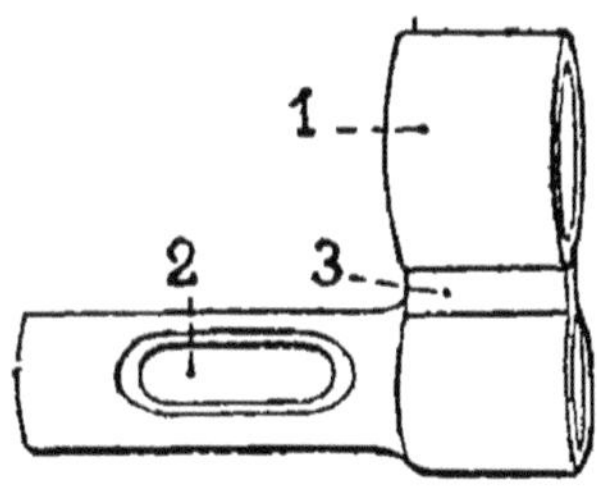

Fig. 5. — Manchon de chambre à gaz.

1. Partie engagée en avant du radiateur.
2. Fenêtres pour l'échappement des gaz.
3. Emplacement du régulateur d'échappement.

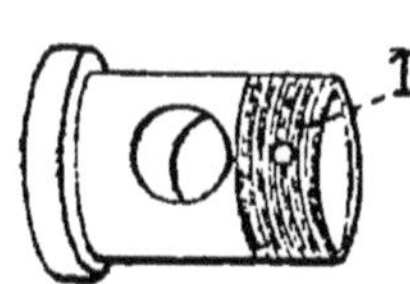

Fig. 6. — Bague-écrou de manchon de chambre à gaz.

1. Filetage pour visser sur le radiateur.

Il communique, au travers de la bague-écrou, avec le trou de passage des gaz du canon ;

3° La *bague-écrou* (fig. 6), qui fixe le manchon sur le radiateur ;

4° Le *bouchon de chambre à gaz* (fig. 7), vissé à la partie postérieure de cette dernière.

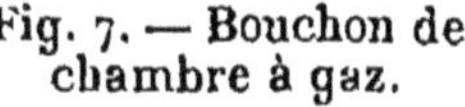

Fig. 7. — Bouchon de chambre à gaz.

Fig. 8. — Ressort récupérateur.

5° Le *ressort récupérateur* (fig. 8), qui, après avoir été comprimé, ramène tout le mécanisme en place en se détendant.

Article III. — Tringle.

10. A quoi sert la tringle ?
Elle transmet à la culasse mobile (par l'intermédiaire de la crémaillère et du pignon-manivelle) et au mécanisme de distribution (au moyen des doigts) les mouvements déterminés par l'appareil moteur et le ressort récupérateur.

11. Que savez-vous de la tringle ?
La tringle (fig. 9) est en partie recouverte par le

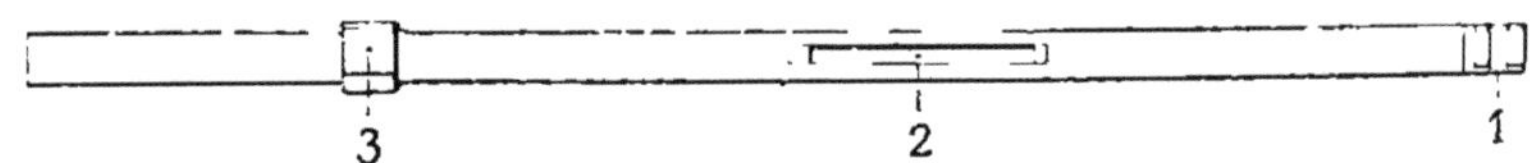

Fig. 9. — La tringle.

1. Tenon pour assembler la tringle à la crémaillère.
2. Logement des doigts (mortaise).
3. Butée de tringle.

radiateur. Elle se visse sur le piston à sa partie antérieure ; un tenon en forme de T relie sa partie postérieure à la crémaillère.

Article IV. — Culasse mobile et verrou de fermeture.

12. A quoi sert la culasse ?
La culasse charge l'arme, ferme le canon au moment du départ du coup. Elle porte les systèmes de percussion et d'extraction.

13. Comment fonctionne la culasse ?
Le mouvement de va-et-vient de la culasse lui est transmis par l'intermédiaire du pignon-manivelle.

Celui-ci, dont le galet est engagé dans une fente en forme d'S, transmet en sens inverse les mouvements du piston.

14. Que remarque-t-on dans la culasse ?

La culasse (fig. 10) porte les pièces ou groupes de pièces ci-après :

1° Le galet;

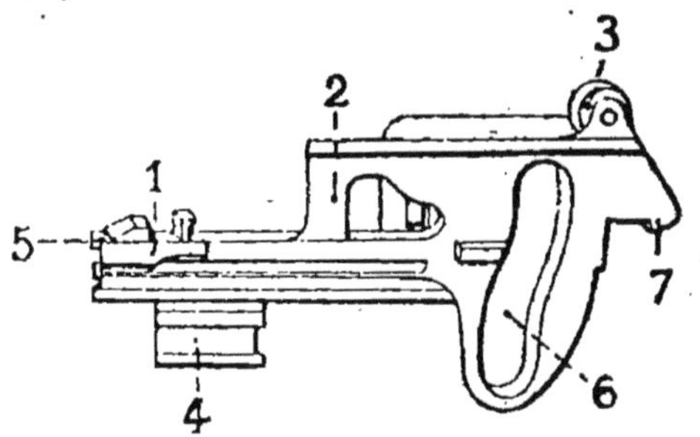

Fig. 10. — Culasse mobile.

1. Echancrure.
2. Corps de culasse.
3. Galet.
4. Logement du tracteur.
5. Logement de l'extracteur.
6. Fente en S.
7. Crochet de culasse.

2° L'extracteur, qui extrait la cartouche de la chambre (fig. 11);

3° Le tracteur, qui tire les cartouches de la bande (fig. 11);

4° Le système de percussion (fig. 11).

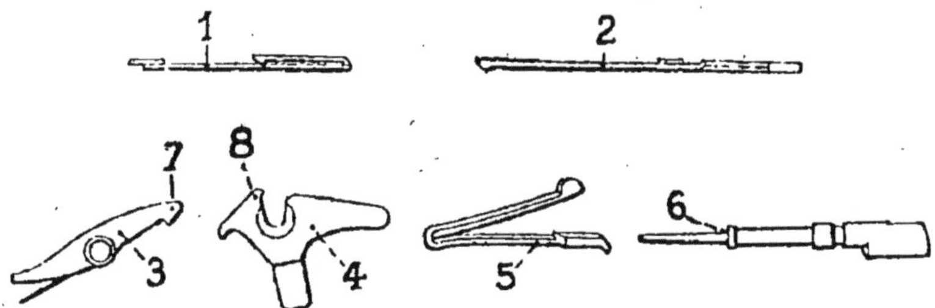

Fig. 11. — Système de percussion. Extracteur. Tracteur.

1. Tracteur.
2. Extracteur.

Système de percussion :
3. Gâchette.
4. Levier de percuteur.
5. Ressort de percussion.
6. Percuteur.
7. Bec.
8. Talon.

15. A quoi sert le verrou ?

Il sert d'appui à la culasse au moment du départ pu coup et provoque la mise de feu.

Article V. — Détentes et appareil de réglage de la vitesse du tir.

16. A quoi servent les détentes ?

A maintenir le système de percussion en arrière et à le libérer lorsqu'on veut faire partir le coup.

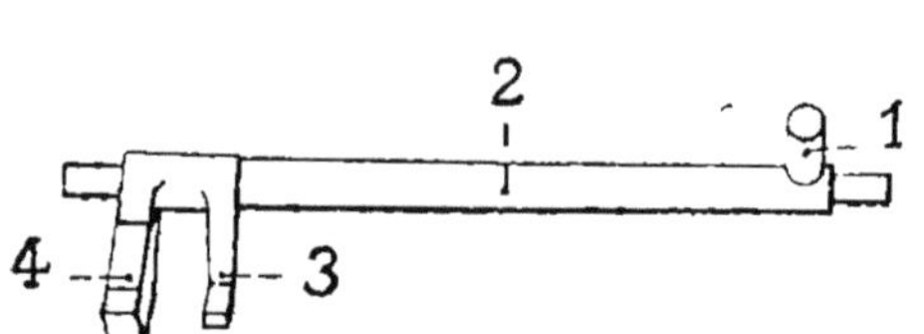

Fig. 12. — Verrou de fermeture.

1. Doigt du verrou.
2. Corps.
3. Branche de percussion
4. Branche de fermeture.

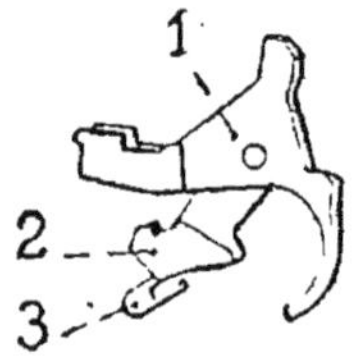

Fig. 13. — Détentes.

1. Détente fixe.
2. Détente mobile.
3. Crochet de détente mobile.

17. Que comprennent-elles ?

La détente fixe et la détente mobile (fig. 13).

La fixe est actionnée par le doigt du tireur.

La mobile (montée dans la fixe) est commandée par l'appareil de réglage de la vitesse du tir.

18. Qu'est-ce que l'appareil de réglage de la vitesse du tir ?

C'est un appareil disposé contre la paroi intérieure gauche de la boîte de culasse. Il est commandé par un levier extérieur, permettant de régler à volonté la cadence du tir.

19. Que comprend-il ?

Une tige actionnée par la rampe de la crémaillère et dont l'extrémité supérieure soulève la détente mobile.

Un levier sur lequel est monté le bouton de tir rapide permet de ne pas utiliser l'appareil.

Un deuxième levier selon la division qu'on lui fait marquer règle la cadence du tir.

Article VI. — Mécanisme de distribution.

20. A quoi sert-il ?

A amener successivement et une à une devant le tracteur les cartouches portées par la bande. Ce dernier les entraîne dans l'élévateur, qui leur donne une direction permettant à la culasse de les saisir et de les entraîner dans le canon.

21. De quelles pièces est-il composé ?

Le mécanisme de distribution (fig. 14) est composé des pièces ci-après :

1° Les *deux doigts* logés dans la mortaise de la tringle, avec leur ressort d'écartement ;

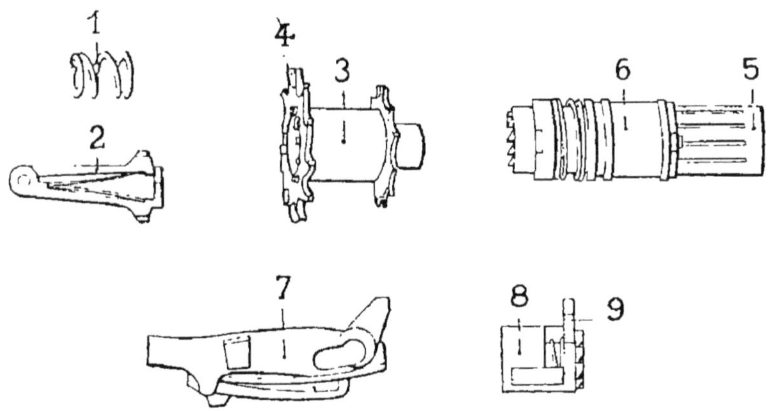

Fig. 14. — Mécanisme de distribution.

1. Ressort amortisseur.
2. Doigt de distribution.
3. Barillet.
4. Dents.
5. Douille de barillet.
6. Manchon de barillet.
7. Élévateur.
8. Rocher d'arrêt.
9. Tenon.

2° Le *barillet à ailettes* monté sur la douille de barillet par l'intermédiaire d'un manchon à tenons avec ressort et bague d'appui ;

3° Le rocher d'arrêt, avec sa douille et son ressort ;

4° Le poussoir.

Il convient de citer également les pièces ci-après qui s'y rattachent :

Le couloir d'alimentation, porté par le radiateur.

Le poussoir du tracteur et l'élévateur.

22. Comment fonctionne le barillet ?

Le barillet est monté sur la douille. Celle-ci présente à l'intérieur des rainures courbes qui la font tourner sous l'action des doigts. Le barillet entraîne ainsi la bande qui présente les cartouches une à une au tracteur.

23. A quoi sert le rocher d'arrêt ?

Le rocher empêche tout mouvement de rotation rétrograde du barillet.

24. A quoi sert le poussoir ?

A dégager le barillet du rocher d'arrêt.

25. A quoi sert le poussoir du tracteur ?

D'appui au tracteur dont la griffe peut maintenir le bourrelet de la cartouche lorsqu'elle est arrachée de la bande.

26. Expliquer le fonctionnement de l'élévateur.

L'élévateur en tournant autour de son axe ne peut prendre que deux positions.

Abaissé : il reçoit la cartouche saisie par le tracteur.

Relevé : il donne à la cartouche une direction permettant à la culasse de l'entraîner dans le canon.

CHAPITRE II

FONCTIONNEMENT DE L'ARME

Au commencement du feu il est nécessaire d'armer la mitrailleuse une première fois, l'arme fonctionne ensuite automatiquement.

Le fonctionnement de l'arme doit être étudié dans les deux phases suivantes :

1° Pendant l'armé ;

2° Pendant l'automatisme proprement dit.

Article I. — Fonctionnement pendant l'armé.

27. Comment arme-t-on la mitrailleuse ?

Au moyen du levier d'armement monté sur l'axe du pignon-manivelle.

Une bande ayant été introduite dans le couloir pour armer, dégager le bonhomme du levier, ramener celui-ci en arrière, puis en avant lorsque la culasse a été accrochée.

28. Quels sont les mouvements déterminés par l'armé ?

L'armé détermine les six mouvements suivants :

1° Ouverture de la culasse portée en arrière par le galet du pignon-manivelle roulant dans la fente en S ;

2° Bandé du ressort de percussion produit par le même galet qui soulève le levier de percuteur et accroche le bec de gâchette avec le talon du levier ;

3° *Accrochage de la culasse mobile*, assuré par le bec de la détente fixe qui s'engage dans le crochet de culasse ;

4° *Transport de la première cartouche dans l'élévateur*. Le tracteur la retire de la bande, la fait tomber dans l'élévateur qui se redresse et place ainsi la cartouche face à la chambre sous l'action de la saillie demi-circulaire de la crémaillère qui agit sur la came d'élévateur ;

5° Changement de la rainure de la douille de barillet qui se produit dans le mouvement avant de la tringle : les tenons des doigts franchissent un plan incliné et retombent en fin de course dans la rainure suivante ;

6° Bandé du ressort récupérateur déterminé par l'intermédiaire de la tringle.

Article II. — Fonctionnement automatique proprement dit.

Le fonctionnement automatique proprement dit comprend :

1° Le fonctionnement pendant la fermeture de la culasse jusqu'au départ du coup ;

2° Le fonctionnement à partir du moment où le premier coup est parti.

§ 1. — Fonctionnement pendant la fermeture de la culasse jusqu'au départ du coup.

La mitrailleuse est armée, le tireur vient d'appuyer sur la détente.

29. Que se passe-t-il ?
La culasse est décrochée, le ressort récupérateur libéré se détend et provoque un mouvement de recul de l'ensemble : piston, tringle, crémaillère.

30. Que fait la tringle dans ce mouvement de recul ?
Les doigts qu'elle porte font tourner le barillet qui fait avancer la bande à droite de façon que le tracteur puisse saisir une cartouche lorsque la culasse sera fermée.

31. Et la crémaillère ?
Au moyen de ses dents elle fait tourner vers l'avant le pignon-manivelle.

32. En tournant vers l'avant que fait le pignon-manivelle ?
Il ferme la culasse et en agissant par sa came à rainure sur le doigt du verrou de fermeture, fait abaisser les branches de fermeture et de percussion de ce dernier.

33. En se portant en avant que fait la culasse ?
Elle entraîne dans le canon la cartouche contenue

dans l'élévateur, abaisse ce dernier et ferme l'orifice de la chambre.

Son système de percussion, commandé par le verrou de fermeture, fait partir le coup.

34. Quelle est l'action du verrou de fermeture ?

Sa branche de fermeture s'engage dans l'encoche de la culasse qui est bloquée ; sa branche de percussion libère ensuite le percuteur qui, sous l'action de son ressort, percute la cartouche.

§ 2. — Fonctionnement à partir du moment où le premier coup est parti.

35. Comment fonctionne le mécanisme après le départ du coup ?

Le canal de prise des gaz, sitôt franchi par la balle, laisse passer une partie des gaz qui pénètrent dans la chambre à gaz et refoulent le piston vers l'avant.

Les différents mouvements expliqués pour l'armé puis ceux de l'article II (paragraphe 1) continuent à se succéder automatiquement sous l'action des gaz et du ressort récupérateur.

Les étuis saisis par l'extracteur rencontrent la butée d'éjection et sont projetés par l'ouverture ménagée à cet effet dans la paroi de droite de la boîte de culasse.

Article III. — Fonctionnement de l'appareil de réglage de la vitesse du tir.

36. Expliquez son fonctionnement ?

Cet appareil est actionné par un plan incliné à ressort placé à la partie postérieure de la crémaillère.

Lorsque le bouton de tir rapide est poussé à fond, l'appareil fonctionne et le tir a lieu à vitesse réglée. Lorsque le bouton de tir rapide est tiré, le plan incliné n'agit plus sur l'appareil et le tir s'effectue à cadence maxima.

Un levier qui tourne sur un tambour gradué de 1 à 15 donne des vitesses d'autant plus faibles qu'il marque un chiffre de graduation plus petit.

Article IV. — Emploi du régulateur d'échappement.

37. Qu'est-ce que le régulateur d'échappement (fig. 15)?

C'est un appareil, branché sur le canal de prise des gaz, qui a pour but de dériver une partie de ces derniers lorsque leur poussée sur le piston est trop forte.

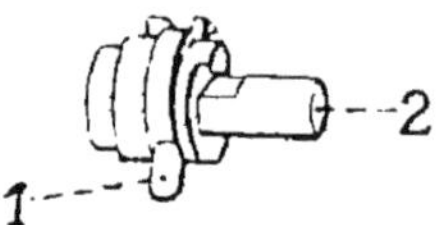

Fig. 15. — Régulateur d'échappement.
1. Levier. 2. Canal de dérivation.

38. Que comprend-il?

Un canal de dérivation, dont un levier tournant sur un tambour gradué permet de faire varier le diamètre.

39. Comment l'emploie-t-on?

Dans le tir la poussée augmente avec l'échauffement de l'arme. Il convient alors de la réduire. Pour cela, agir sur le levier au moyen d'un levier spécial ou d'un étui de cartouche.

La poussée va lorsque les étuis sont éjectés à 1 m 80 ou 2 mètres au plus. L'éjection ne doit jamais descendre au-dessous de 1 mètre.

CHAPITRE III

DÉMONTAGE ET REMONTAGE DE L'ARME

Article I. — Démontage et remontage d'ensemble.

40. Dans quel ordre s'opère le démontage d'ensemble ?

Dans l'ordre suivant (toutefois certaines pièces peuvent être enlevées séparément) :

1° Ouvrir la boîte de culasse ;

2° Retirer la culasse mobile ;

3° Démonter le piston moteur et le ressort récupérateur ;

4° Retirer l'élévateur ;

5° Retirer la crémaillère ;

6° Retirer le levier d'armement ;

7° Le verrou de fermeture ;

8° Les détentes ;

9° Démonter la tringle munie du barillet de rocher d'arrêt.

41. Dans quel ordre s'effectue le remontage ?

Dans l'ordre inverse indiqué pour le démontage.

Article II. — Démontages et remontages partiels.

42. Dans quel ordre s'effectue le démontage des pièces portées par la culasse mobile ?

Dans l'ordre suivant :

1° Débander le ressort de percussion ;

2° Enlever successivement : le ressort de percussion, le percuteur, son levier, l'extracteur et le tracteur.

43. Et celui de l'appareil moteur ?

Le piston et le ressort étant démontés :

1° Enlever le bouchon de chambre à gaz ;

2° Enlever la bague de manchon et le manchon de chambre à gaz (les deux pièces ne doivent être démontées que si le remplacement des grains est nécessaire).

44. Celui de l'ensemble des pièces du barillet ?

1° Séparer le barillet de sa douille ;

2° Enlever les doigts ;

3° Séparer la douille de barillet de celle de débrayage en faisant sortir la bague d'appui et en enlevant le ressort de la douille de débrayage ;

4° Séparer le rocher d'arrêt de son manchon.

45. Comment s'opère le démontage du canon ?

1° Armer la culasse mobile ;

2° Dégager le levier à excentrique et le tourner de 180° vers l'avant ;

3° Dévisser le canon ;

4° Le retirer.

46. Comment se démonte le radiateur ?

Ce démontage, qui doit être exceptionnel, s'opère comme suit :

1° Exécuter un démontage d'ensemble de la pièce ;

2° Enlever le boulon d'assemblage ;

3° Séparer le radiateur de la boîte de culasse.

47. Comment s'effectue le remontage de ces diverses pièces ?

Dans l'ordre inverse indiqué pour le démontage.

CHAPITRE IV

ENTRETIEN DE L'ARME

L'arme doit être tenue dans un parfait état d'entretien.

Nettoyer et graisser après chaque tir.

48. Que comprend l'entretien des pièces?

Le nettoyage et le graissage.

49. Comment doit-on nettoyer les pièces?

On les nettoie en les frottant avec un chiffon imbibé d'huile.

Si l'encrassement résiste à ce procédé l'emploi du pétrole est recommandé. Mais on doit alors bien essuyer les pièces avant de les graisser, pour éviter l'oxydation.

Dans certains cas il faudra recourir à des outils spéciaux (caisse n° 2) lorsque l'encrassement aura résisté à l'emploi du pétrole.

50. Comment doit-on graisser?

On doit graisser modérément, certaines pièces pas du tout ou le moins possible, quelques-unes plus abondamment.

51. Quelles sont les pièces à graisser le moins possible?

Les pièces du moteur (piston, chambre à gaz dans ses parties intérieures);

Le percuteur et son logement.

52. Pourquoi?

Le graissage des pièces du moteur provoque l'encrassement; son bon fonctionnement interdisant l'emploi de fréquents nettoyages, on doit dégraisser ses pièces avant le tir. Le graissage au cours du tir est interdit. Deux nettoyages consécutifs du moteur au moyen des outils doivent être séparés par 1.000 coups tirés au minimum. L'encrassement exagéré du percuteur et de son logement peut provoquer le faussage de cette pièce.

53. Quelles sont les pièces à graisser plus abondamment?

Celles qui sont soumises à des frottements, notamment les axes, les galets, les nervures et rainures de guidage, ainsi que la tringle et le mécanisme de distribution.

Après avoir graissé avec le pinceau mettre quelques gouttes d'huile.

Refroidissement du canon à l'eau.

54. Comment s'opère-t-il ?
De la façon suivante :
1° Ouvrir et accrocher la culasse mobile ;
2° Dévisser le canon d'un demi-tour afin que le trou de passage des gaz ne puisse laisser passer l'eau dans le moteur ;
3° Introduire par le trou d'éjection le bec de l'entonnoir spécial ;
4° Libérer la culasse et l'amener doucement en contact avec l'entonnoir ;
5° Incliner l'arme vers l'avant au moyen du volant ;
6° Faire couler l'eau dans l'entonnoir doucement au début afin d'éviter sa projection produite par les jets de vapeur et continuer jusqu'à ce que l'eau s'échappe refroidie du canon.

55. Que recommande-t-on dans l'emploi du refroidissement à l'eau ?
1° Ne pas mouiller le radiateur tant qu'il est chaud ;
2° Éviter de faire tomber de l'eau dans la boîte de culasse.
Si le tir doit continuer, ne pas graisser ; dans le cas contraire, graisser avec soin l'intérieur du canon et du moteur pour empêcher l'oxydation.

56. N'y a-t-il pas un autre moyen de refroidir le canon à l'eau ?
On peut le démonter et le plonger tout entier dans l'eau.

CHAPITRE V

INCIDENTS QUI PEUVENT SURVENIR PENDANT LE TIR

Lorsqu'un incident survient dans le fonctionnement de l'arme, le tireur essaie d'y remédier. Il ne fait appel à l'armurier que s'il ne peut y parvenir lui-même ou si l'on doit remplacer quelque pièce.

Règle générale. — En cas d'arrêt de tir, armer et agir sur la détente. Si l'armé ne peut être obtenu ou si l'arrêt se renouvelle, en rechercher la cause.

Avant toute recherche, enlever la bande et retirer la culasse mobile.

Les divers incidents peuvent provenir soit de l'arme, soit des munitions.

Article I. — Incidents dus à l'arme.

57. A quoi reconnaît-on qu'un incident doit être attribué à l'arme?

Lorsqu'il se manifeste de l'une des façons indiquées ci-après, savoir :

1° Le tir ne peut s'exécuter que coup par coup (§ 1);

2° La culasse mobile ne peut être portée en arrière (§ 2);

3° La culasse mobile ne peut être portée en avant (§ 3);

4° La culasse mobile ne peut être portée ni en avant ni en arrière (§ 4);

5° Éjection de cartouches imparfaitement percutées (§ 5);

6° Éjection de cartouches non percutées (§ 6).

§ 1. — Le tir ne peut s'exécuter que coup par coup.

58. D'où provient cet incident?

1° Défaut de démarrage (poussée insuffisante), ou :

2° Rupture de la tringle.

59. Comment y remédie-t-on?

Dans le 1er cas. — S'assurer que le trait de repère du piston correspond avec celui du manchon.

Par temps froid, chauffer le moteur, la culasse et l'appareil de vitesse.

Placer le régulateur d'échappement à zéro.

Dans le 2e cas. — Remplacer la tringle.

§ 2. — La culasse mobile ne peut être ramenée en arrière.

60. Combien de cas peuvent se présenter de cet incident ?

Quatre, indiqués par la position de la culasse après avoir agi sur le levier d'armement :

1er cas. — La culasse reste fermée ;

2e cas. — Elle s'arrête après avoir été portée légèrement en arrière ;

3e cas. — Elle s'arrête aux trois quarts de sa course ;

4e cas. — Elle s'arrête près de l'extrémité de sa course.

Premier cas.

61. Quelles sont les causes de cet incident ?

Faussage du percuteur si le levier d'armement peut être soulevé de 40 millimètres environ, et difficultés d'extraction si on le soulève de 70 millimètres.

62. Comment y remédie-t-on ?

Percuteur faussé : ouvrir la boîte de culasse, chasser le percuteur en avant, enlever la culasse et remplacer la pièce faussée.

Difficultés d'extraction : changer la culasse pour extraire l'étui, employer au besoin le chasse-cartouche.

Deuxième cas.

63. D'ou provient cet incident ?

Dans cet incident une cartouche est dans l'élévateur rabattu et s'oppose à l'arrivée de la cartouche saisie par le tracteur ; la bande ne peut être enlevée.

Causes : manque de course et poussée trop forte exercée sur la bande par le chargeur.

64. Comment y remédie-t-on ?

La boîte de culasse fermée, armer et abandonner brusquement le levier, la deuxième cartouche reprend sa place sur la bande, qui peut être retirée.

Si cette manœuvre ne réussit pas :

Ouvrir la boîte de culasse,

Armer en faisant fléchir à droite le tracteur (se servir de la lame du tourne-vis). Pousser la deuxième cartouche à sa place sur la bande. Armer, décharger et augmenter la poussée.

Troisième cas.

65. Par quoi est causé cet incident?

Par le présence d'une balle au fond de l'élévateur.

66. Comment y remédier?

Enlever la balle avec le tire-balle.

Quatrième cas.

67. Quelles sont les causes de cet incident?

Dans cet incident une cartouche est placée, le culot en l'air, entre la boîte de culasse et l'élévateur; causes :

1° Pente insuffisante du tracteur;

2° Un couvre-amorce est sous le bec de l'élévateur;

3° Faussage de l'ergot arrêtoir du ressort amortisseur porté par le radiateur.

68. Comment peut-on y remédier?

1° Remplacer le tracteur, ou :

2° Enlever le couvre-armorce, s'assurer que le logement du bec d'élévateur n'est pas trop encrassé.

§ 3. — La culasse mobile ne peut être portée en avant.

69. Combien de cas peuvent se présenter de cet incident?

Trois, indiqués par l'examen de l'élévateur :

1er cas. — L'élévateur est abaissé;

2e cas. — L'élévateur renferme une cartouche qui vient buter contre une deuxième cartouche ou un étui vide resté dans la chambre;

3e cas. — L'élévateur ne renferme aucune cartouche.

Premier cas.

70. Quelles sont les causes de cet incident?

Dans cet incident la boîte de culasse renferme une cartouche dont la balle a été déformée par la culasse.

Causes : poussée trop faible;

Arête avant et inférieure de la culasse défectueuse;

Cadence exagérée du tir rapide.

71. Moyens d'y remédier.

Augmenter la poussée.

Changer la culasse, qui sera réparée par la suite.

Si l'incident est provoqué par la cadence exagérée du tir rapide, diminuer la poussée.

Deuxième cas.

72. Causes de l'incident?

1° Encrassement exagéré de la cuvette de culasse et de la tranche du tonnerre;

2° Défaut d'extraction par suite de la rupture de l'extracteur, encrassement de la chambre ou présence d'un couvre-amorce dans le logement de l'extracteur.

73. Comment y remédie-t-on?

En cas d'encrassement, nettoyer.

Dans le second cas :

Enlever le couvre-amorce, ou :

Remplacer l'extracteur et extraire avec une nouvelle culasse, au besoin avec le chasse-cartouche.

Troisième cas.

74. Quelles sont les causes de cet incident?

Mauvais fonctionnement du tracteur dont la courbure est défectueuse, ou défaut de forme du bourrelet de l'étui.

Il se produit aussi à la reprise du feu lorsque, après avoir démonté la culasse sans enlever la bande, on a laissé revenir en avant le levier d'armement avant d'avoir replacé la culasse.

75. Comment y remédie-t-on?

Remplacer le tracteur, enlever l'étui défectueux, ou :

Retirer la bande en pressant à fond le levier d'armement.

Si la bande ne peut être retirée, placer la cartouche sur la bande au moyen de la lame du tournevis.

Retirer la bande, décharger s'il y a lieu, remettre la bande et continuer le tir.

§ 4. — La culasse mobile ne peut être portée ni en avant ni en arrière.

76. A quoi est dû cet incident?

Deux cas peuvent se présenter :

1er cas. — La culasse est à demi ouverte, le galet de pignon en haut de la rainure en S, et il n'y a pas de cartouches dans l'élévateur.

Cause : inexpérience du chargeur qui engage une deuxième bande sans que son extrémité soit jointive avec la première.

2e cas. — Comme dans le premier, mais une cartouche est engagée sur l'élévateur.

Causes : usure prononcée des talons des doigts du barillet, ou faussage de l'arme causé par le départ prématuré d'une cartouche.

77. Comment y remédie-t-on?

1er cas. — Armer vivement en manœuvrant « à toc » le levier d'armement, pousser la nouvelle bande en place sans désarmer et continuer le tir.

2e cas. — Ramener en avant le galet de pignon en frappant, par l'intermédiaire d'un morceau de bois, de manière à refermer la culasse ;

Retirer la bande ;

Armer ;

Enlever la cartouche de l'élévateur.

Si on peut armer, changer les doigts de barillet.

Sinon changer le pignon, la culasse, et vérifier le fonctionnement.

§ 5. — Éjection de cartouches imparfaitement percutées.

78. Quelles sont les causes de cet incident de tir ?

1° Rupture de la tringle ;

2° Présence d'un couvre-amorce dans la cuvette de la culasse.

79. Comment y remédie-t-on ?

1° Changer la tringle ;

2° Changer la culasse. En cas de nouvel arrêt, rechercher le couvre-amorce dans le mécanisme.

§ 6. — Éjection de cartouches non percutées.

80. Quelles sont les causes de cet incident ?

Cet incident est provoqué par la fermeture incomplète de la culasse causée par l'une des causes suivantes :

1° Encrassement exagéré du logement du percuteur, de la tête de culasse, de la tranche du tonnerre, de la chambre, de la tige du piston ;

2° Présence d'un corps étranger (couvre-amorce, etc.) dans le logement du percuteur, dans le plan incliné du tonnerre, dans le logement de l'ailette gauche ou celui de la culasse sur le canon ;

3° Faiblesse du ressort récupérateur.

81. Comment remédie-t-on à ces diverses causes ?

Nettoyer, enlever les corps étrangers et continuer le tir ; si l'incident se reproduit, changer le ressort récupérateur.

Article II. — Incidents spéciaux au tir à vitesse réglée.

82. Quels sont ces divers incidents, causes et moyens d'y remédier ?

Ces incidents sont au nombre de quatre :

a) Arrêt du tir sans que la cadence ait varié.

Causes : défaut des cartouches, rupture de la tringle ou de la tige du piston ;

b) Arrêt du tir précédé de deux coups rapides, dû à un manque de poussée : vérifier le montage du piston, augmenter la poussée ;

c) Cadence irrégulière. Causes : manque de fluide dans l'appareil de réglage ; usure du bec de culasse ou de détente mobile. Régulariser la cadence en modifiant la poussée et en agissant sur le levier de réglage de la vitesse, remplir de fluide l'appareil de réglage ;

d) Le tir à vitesse réglée ne peut être obtenu. Causes : manque de fluide ou rupture de détente mobile.

Dans ce dernier cas on ne peut que tirer à vitesse rapide, à moins de remplacer la détente mobile.

Article III. — Incidents dus aux cartouches.

83. Quelles sont les causes de ces incidents ?

Ces incidents sont dus à l'une des causes suivantes :

1° Rupture d'étui ;

2° Balles séparées de l'étui ;

3° Cartouche mal placée sur la bande.

84. Que faut-il faire dans ces différents cas ?

1° Ce qui est prescrit au paragraphe 2 du chapitre V ;

2° Si les balles ne se sont pas échappées par les mortaises spéciales, les retirer au moyen du tire-balle. Il est prudent d'écouvillonner de manière à expulser les grains de poudre restants (cart. 1886 D) ;

3° Remettre les cartouches en place.

TITRE II

AFFUT-TRÉPIED MODÈLE 1907

TYPE C (fig. 16 et 17)

CHAPITRE I

DESCRIPTION, NOMENCLATURE ET ENTRETIEN

85. Quelles sont les parties essentielles de l'affût-trépied ?

Les deux suivantes :

1° Le support pivotant ;

2° Le trépied.

Article I. — Support pivotant (fig. 16).

86. A quoi sert le support ?

Le support maintient la mitrailleuse qu'il relie au trépied.

87. Que comprend-il ?

1° Un mécanisme de pointage en hauteur ;

2° Un mécanisme de blocage en direction.

88. Expliquez le fonctionnement du mécanisme de pointage en hauteur.

Le crochet de vis de pointage est fixé à la mitrailleuse. En agissant sur le volant de pointage, un pignon fait varier la hauteur de la vis de pointage et déplace la mitrailleuse dans un plan vertical.

89. Expliquez le fonctionnement du mécanisme de blocage en direction.

Le levier de débrayage, par l'intermédiaire d'un pignon ovalisé, commande les deux mâchoires du support dont les becs embrassent le secteur strié du trépied, fixant ainsi le support et la mitrailleuse au trépied.

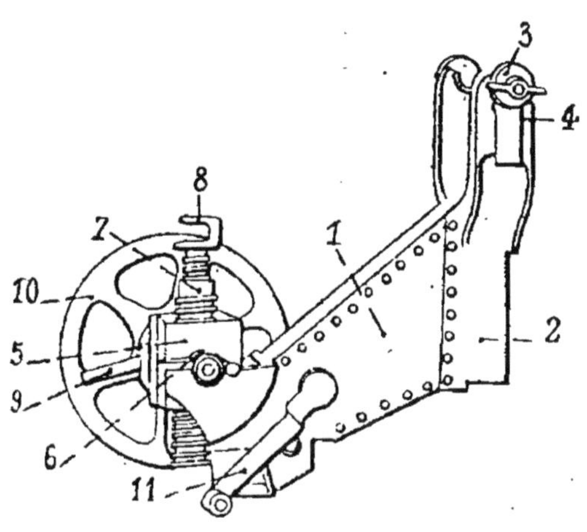

Fig. 16. — Support pivotant.

1. Corps.
2. Douille de pivot.
3. Sus-bande.
4. Levier-arrêtoir de sus-bande.
5. Boîte à tourillons.
6. Sus-bande de boîte à tourillons.
7. Vis de pointage télescopique.
8. Crochet de vis de pointage.
9. Index de pointage.
10. Volant de pointage.
11. Levier de débrayage.

Article II. — Trépied (fig. 17).

90. A quoi sert le trépied ?

D'appui à la pièce pendant le tir.

91. En combien de parties le divise-t-on ?

En trois parties principales, savoir :

1° Le corps de pivot (sert d'appui au support);

2° La flèche télescopique (pied postérieur du trépied);

3° Les pieds antérieurs.

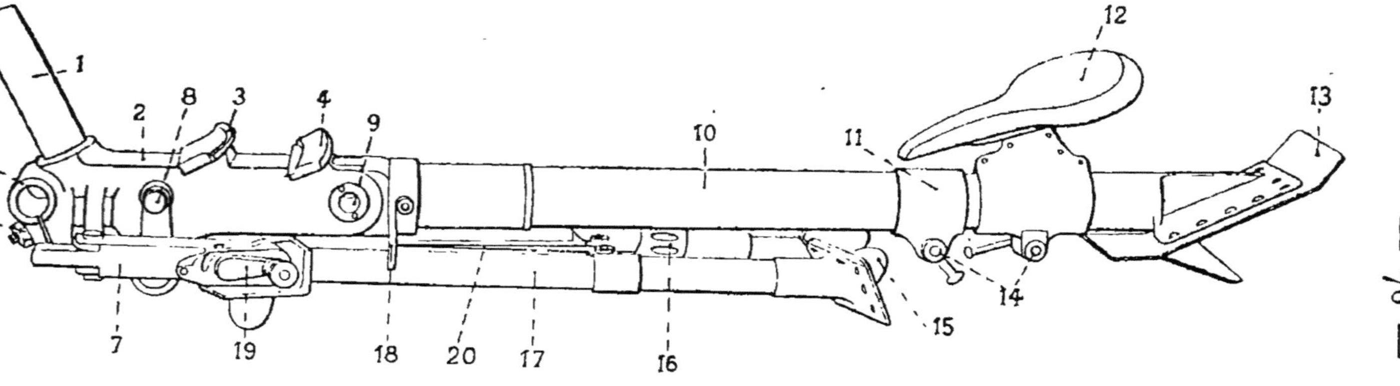

Fig. 17. — Trépied.

1. Pivot. — 2. Corps de pivot. — 3. Secteur strié. — 4. Circulaire. — 5. Douille fendue. — 6. Écrou de serrage de douille. — 7. Tête de montant. — 8. Manivelle d'arrêt de flèche. — 9. Articulation de flèche. — 10. Flèche télescopique. — 11. Collier de flèche. — 12. Siège. — 13. Semelle et bêche de flèche. — 14. Boulons à manette. — 15. Semelle à ergot de montant. — 16. Écrou moleté de pied antérieur de droite. — 17. Montant de pied antérieur. — 18. Griffe. — 19. Manivelle de genouillère. — 20. Compas.

92. Que comprend le corps de pivot?

Le corps de pivot comprend :

Le pivot, le secteur strié sur lequel mordent les mâchoires du support et la circulaire qui sert d'appui postérieur à ce dernier.

Le corps de pivot est articulé avec la flèche et prend deux positions correspondant à celles de l'affût dressé et couché.

Cette articulation est commandée par une manivelle.

93. Que comprend la flèche?

Le bras et sa rallonge qui porte le siège et qui est terminée par une semelle munie d'un soc.

94. Décrivez les pieds antérieurs?

Les pieds sont articulés :

1° A leur partie supérieure, ce qui permet de les redresser et de les écarter pour la mise en batterie;

2° Entre les deux montants pour le tir couché.

Un écrou moleté fixé sur le pied droit permet de faire varier la longueur de ce dernier.

Les pieds sont maintenus dans leur position d'écartement par un compas et dans les autres par des manivelles à bonhomme.

95. Comment doit-on entretenir l'affût?

Remplir de graisse l'intérieur de la boîte à tourillons et son tambour.

Bien graisser les deux parties de la vis de pointage.

Les articulations doivent être souples; pétroler et huiler ensuite.

L'ensemble doit toujours être en parfait état.

TITRE III

MUNITIONS, BANDES ET CAISSES A MUNITIONS (fig. 18 et 19)

CHAPITRE I

CARTOUCHES

96. Quelles sont les cartouches employées par la mitrailleuse modèle 1907 ?

La mitrailleuse tire les mêmes cartouches à balle que le fusil Lebel, savoir :

Modèle 1886 D;

Modèle 1886 M.

Pour ces dernières il est nécessaire de rectifier la hausse, qui a été établie dans la mitrailleuse pour la cartouche 1886 D.

Comme cartouches à blanc elle emploie le modèle 1905 à balle de bois.

CHAPITRE II

BANDES-CHARGEURS (fig. 18)

97. De quoi se compose la bande ?

Elle se compose d'une lame d'acier au nickel portant deux nervures assurant sa rigidité, l'une d'elles sert de logement au bourrelet des étuis.

Des griffes, disposées sur deux rangs, maintiennent les cartouches.

La bande contient 25 cartouches.

Fig. 18. — Bande-chargeur.

1. Nervures. 2. Griffes.

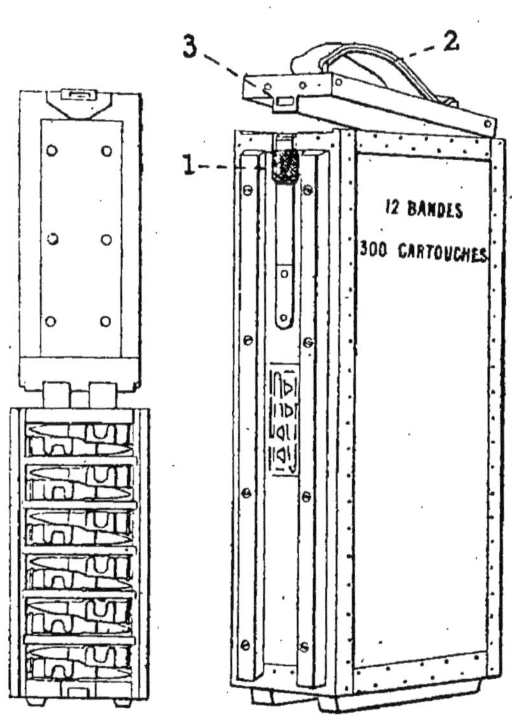

Fig. 19. — Caisse à munitions de Puteaux.

1. Fermoir à ressort. 2. Poignée servant au transport.
3. Crochet du fermoir.

98. Quels sont les modèles de bandes utilisés en France?

Le modèle de Puteaux et celui de Saint-Étienne. Dans le dernier les griffes sont rivées, d'où solidité moindre et poids plus grand. Dans le premier les griffes sont estampées.

CHAPITRE III

CAISSE A MUNITIONS DE PUTEAUX

99. Quel est le chargement d'une caisse à munitions de Puteaux?

La caisse à munitions contient 300 cartouches, soit douze bandes réparties par deux dans chacune de six cases et disposées comme l'indique la gravure.

TITRE IV

ACCESSOIRES DIVERS

---

100. Quel est l'emploi des accessoires affectés aux sections ?

Ces accessoires sont destinés au service des pièces et à leur entretien ; ils comprennent également des pièces de rechange.

101. Quels sont ces accessoires ?

Chaque section de campagne est pourvue des accessoires suivants :

4 canons et 2 tringles de rechange ;
2 sacs à chiffons ;
Caisse aux rechanges n° 1 ;
Caisse d'outillage n° 2 (pour l'entretien).

102. Que contiennent les sacs à chiffons ?

Chaque sac contient :

Une épaulière et une paire de gants spéciaux ;
Un seau en toile ;
Une burette modèle 1880, contenant de l'huile dans l'un des sacs, du pétrole dans l'autre ;
Une trousse d'outils ;
Un kilo environ de chiffons.

TITRE V

MATÉRIEL DE TRANSPORT

(fig. 20 à 24)

---

103. Que comprend le matériel de transport des sections?

Dans le type alpin : les bâts et le harnachement des animaux.

Dans le type mixte : les bâts, le harnachement des animaux et les caissons de ravitaillement.

CHAPITRE I

BÂTS

104. Quels sont les modèles de bâts?

Pour les mulets le modèle 1876. Pour les chevaux le modèle 1879-1887 ou 1908.

L'organisation de ces bâts est la même. Ils ne diffèrent que par leurs dimensions.

Les uns et les autres sont appropriés au transport des pièces ou à celui des munitions.

105. Que comprend le bât de mitrailleuse (fig. 20, 21, 22)?

Il comprend un arçon muni de diverses ferrures, une paire de panneaux, des accessoires de bât et des garnitures mobiles en cuir.

106. Que comprend le bât de munitions (fig. 23)?

Il comprend un arçon, une paire de panneaux et des accessoires de bât, deux étriers articulés, quatre traverses d'encoches.

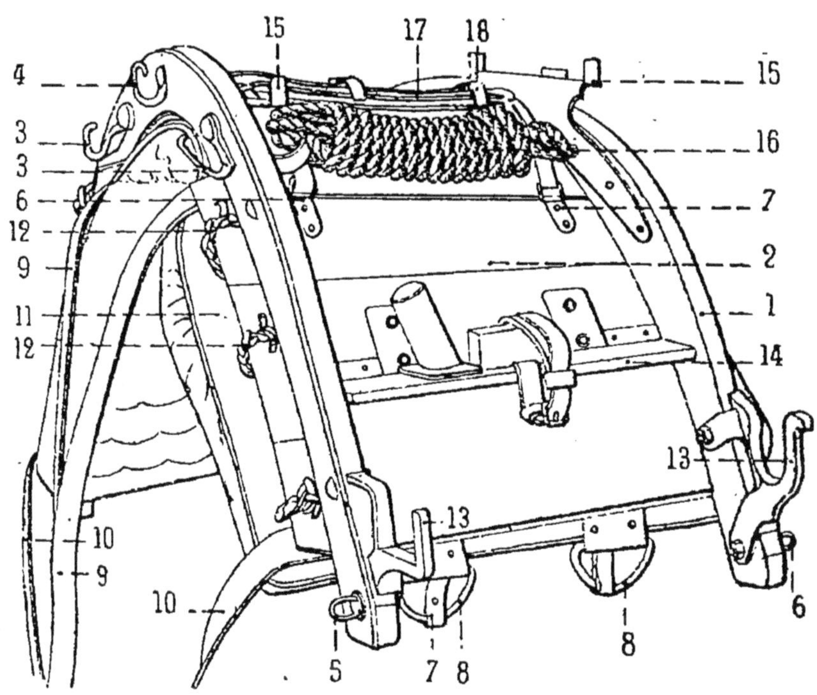

Fig. 20. — Bât de mitrailleuse (non garni).

1. Arcades.
2. Aubes.
3. Crochets de charge.
4. Crochet rênoir.
5. Piton de brêlage.
6. Chapes de courroie de surcharge.
7. Lanières de sangle double.
8. Dés d'enchapure.
9. Contre-sanglon de sangle de poitrail.
10. Contre-sanglon de poitrail.
11. Panneaux.
12. Lanières d'attache de panneau.
13. Crochets de trépied.
14. Traverse à pivot.
15. Supports de caisse.
16. Cordes de charge.
17. Poche à fers.
18. Courroies de surcharge.

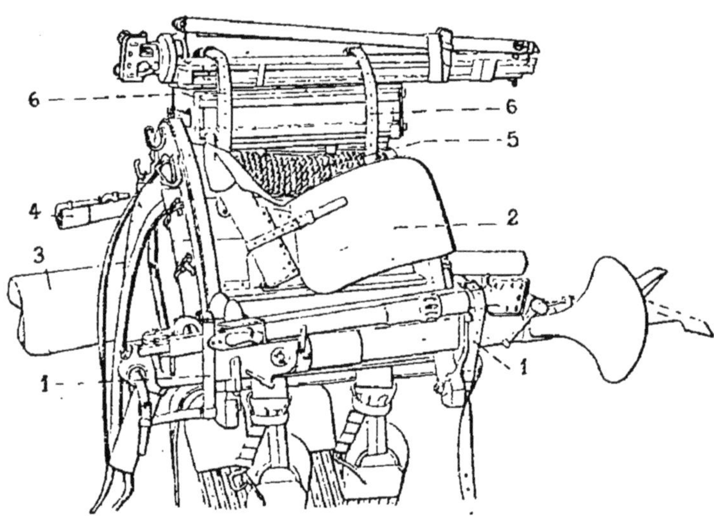

Fig. 21. — Bât de mitrailleuse chargé (côté gauche).

1. Courroies de brêlage de trépied.
2. Étui de support pivotant.
3. Étui de culasse.
4. Étui de canon de rechange.
5. Cordes de charge.
6. Courroies de surcharge.

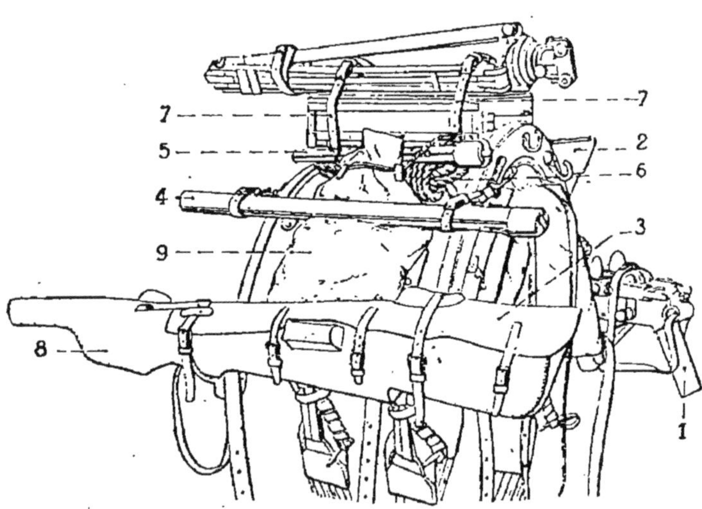

Fig. 22. — Bât de mitrailleuse chargé (côté droit).

1. Gaine de pivot de trépied.
2. Étui de support pivotant.
3. Étui de culasse.
4. Étui de canon de rechange.
5. Étui de tringle.
6. Cordes de charge.
7. Courroies de surcharge.
8. Étui de bouche.
9. Sac à chiffons.

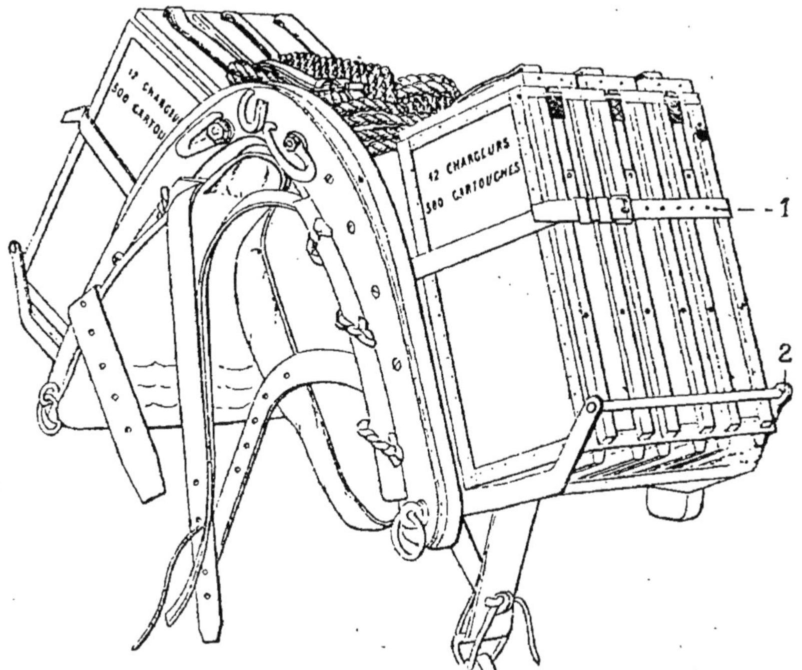

Fig. 23. — Bât de munitions, chargé.
Garniture de tête modèle 1906 et harnais de bât modèle 1908.
1. Courroies de brêlage des caisses. 2. Étrier de bât.

CHAPITRE II

HARNACHEMENT DES ANIMAUX DE BÂT

107. Que comprend ce harnachement?

En plus des bâts, il comprend :

1° *Une garniture de tête,* modèle 1879 ou 1906, et *un harnais de bât;*

2° *Une couverture,* grise pour les mulets, bleue pour les chevaux;

3° *Un surfaix de couverture;*

4° *Une musette-mangeoire.*

108. De quoi se compose la garniture de tête modèle 1879 ?

D'un bridon et d'un collier d'attache avec longe en chaîne.

109. Et le modèle 1906 ?

D'un bridon-licol et d'une longe en corde.

110. Que comprennent les harnais de bât ?

Les harnais de bât comprennent :

Un poitrail, qui empêche le bât de glisser en arrière, et *l'avaloire*, qui empêche le bât de glisser en avant.

CHAPITRE III

CAISSON DE RAVITAILLEMENT (fig. 24)

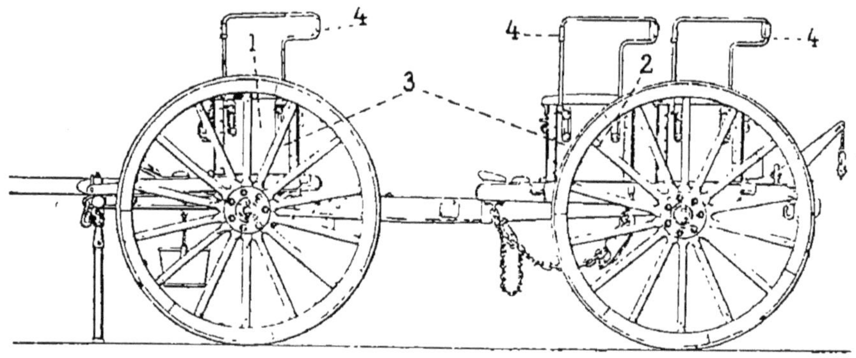

Fig. 24. — Caisson de ravitaillement des sections de mitrailleuses (type mixte).

1. Avant-train.
2. Arrière-train.
3. Coffres.
4. Dossiers.

111. De quel modèle est le caisson ?

Le caisson de ravitaillement est du modèle 1858 de

l'artillerie. Il comprend trois coffres modèle 1858 allongé, un sur l'avant-train et deux sur l'arrière-train.

112. Que porte le caisson?

Dans le coffre avant, des cartouches et divers accessoires.

Dans les coffres arrière, des cartouches seulement.

Divers accessoires sont arrimés sur le caisson.

Les sacs du personnel sont fixés sur les dossiers.

ANNEXE I

Armement, habillement, équipement, outils et campement de la section.

Armement.

Le télémétreur (et les 2 conducteurs du caisson pour la section du type mixte) est armé du revolver et reçoit 18 cartouches. Le sous-officier et le reste du personnel sont armés du mousqueton d'artillerie avec sabre-baïonnette (1).

Chaque homme reçoit 54 cartouches (18 chargeurs) (2).

Habillement et équipement.

L'habillement et l'équipement sont ceux de l'unité à laquelle la section est rattachée.

Le sous-officier adjoint, les caporaux chefs de pièce, les tireurs et l'agent de liaison cycliste portent sur la tunique, la capote et la veste, un insigne spécial dont la description est donnée par la circulaire ministérielle du 31 janvier 1908.

L'agent de liaison est pourvu d'une paire de molletières.

Outils.

L'assortiment d'outils portatifs pour la section du type mixte comprend 17 outils :

Outils de terrassier. { 7 bêches. 2 pioches.

---

(1) A défaut de mousqueton d'artillerie, le personnel est armé de la carabine de gendarmerie ou du fusil modèle 1886 M. 93, avec épée-baïonnette.

(2) 56 pour les hommes armés du fusil.

Outils de destruction.	3 haches, dont 1 ordinaire modèle du génie. 2 serpes. 2 cisailles à main. 1 scie articulée.

Le caisson de ravitaillement transporte, en outre, un certain nombre d'outils de parc :

1 hache à tête.
2 pelles rondes modèle 1862.
2 pioches.

L'assortiment d'outils portatifs pour la section du type alpin comporte en plus : 1 hache, 1 serpe, 1 pioche et 2 bêches attribuées aux conducteurs du train de combat ; soit, au total : 22 outils.

Campement.

La section est pourvue d'ustensiles de campement en nombre proportionnel à son effectif.

Une lanterne pliante est affectée à chaque escouade.

ANNEXE II

Mode de chargement du matériel sur les bâts.

Charger le matériel sur les chevaux (1).

1° CHARGER LE BAT DE LA MITRAILLEUSE

Le bât étant pourvu de ses garnitures et le cheval bâté, la mitrailleuse et l'affût sont chargés simultanément de manière à équilibrer la charge du bât.

Placer la mitrailleuse dans l'étui de culasse, la culasse

(1) Mulets pour les sections type alpin.

en avant, le couloir d'alimentation en dehors et la faire reposer sur ses crochets, la chape d'attache de la vis de pointage en arrière du crochet avant et contre ce crochet; relever le bord inférieur de l'étui de culasse en engageant le couloir d'alimentation dans son logement, engager l'étui de bouche à fond sur le canon, la passe en dessus, le guidon dans son logement; introduire l'extrémité antérieure de l'étui de bouche dans l'étui de culasse; fermer ce dernier en engageant sa courroie de brêlage postérieure dans la passe de l'étui de bouche, puis dans celle de l'étui de culasse; boucler les trois courroies de fermeture de l'étui, ainsi que sa courroie de brêlage antérieure, cette dernière passant sur le logement de la hausse.

Le support pivotant étant séparé du trépied et celui-ci replié complètement, faire tourner la selle de manière à en ramener le bec au contact de la béquille du boulon du collier du système télescopique.

Mettre en place le trépied, le pivot en avant et vers le bas, en faisant reposer le flèche sur les crochets, le crochet antérieur au milieu de l'intervalle entre la circulaire et la crémaillère. Brêler le trépied avec les courroies de brêlage; coiffer le pivot avec sa gaine; passer le contre-sanglon de la courroie d'attache de celle-ci dans la douille et boucler.

Faire tourner la vis de pointage en hauteur jusqu'à ce que celle-ci affleure la boîte à tourillons, de son extrémité inférieure, et la rabattre en avant; engager le support pivotant sur le pivot de la traverse, le tasseau en bois de celle-ci logé entre les flasques, le brêler au moyen de sa courroie de brêlage passée par-dessus la vis de pointage; coiffer la fourche et ensuite la partie arrière avec l'étui de support pivotant et en boucler la courroie en la faisant passer en avant de la douille.

Mettre à plat sur les supports une caisse d'outillage ou de rechanges le couvercle en dessus, la poignée en avant; boucler par-dessus les courroies de surcharge (en les engageant, s'il y a lieu, dans les branches de pied de télémètre placé la tête en avant).

Introduire dans le sac à chiffons 1 kilo de chiffons répartis sur le fond et contre les parois du sac;

mettre debout sur le fond, à l'un des bouts la trousse en cuir (s'il y a lieu) au milieu, la burette 1880 et à l'autre bout le gant spécial et l'épaulière. Introduire de champ, le long de ces objets, le seau en toile. Faire reposer le sac sur l'étui de la culasse, le côté où se trouve le seau en toile étant à l'extérieur, et le fixer par ses lanières aux courroies de surcharge.

(Lorsque le seau en toile est mouillé, il est provisoirement suspendu en dehors du sac, les lanières de celui-ci passées dans le croisillon du seau.)

Placer le canon de rechange dans son étui et en refermer le couvercle.

Placer la tringle dans son étui et en fermer le couvercle.

2° CHARGER LE BAT DE MUNITIONS

Le bât étant muni des mêmes accessoires que le bât de mitrailleuse, abattre ses deux étriers.

Placer dans chaque étui trois caisses disposées transversalement et debout, le fond des caisses reposant sur l'entretoise inférieure. Brêler les caisses de chaque côté en bouclant par-dessus la courroie de brêlage (1).

Quand les caisses ne sont pas placées sur les étriers, ceux-ci sont relevés contre les aubes et maintenus dans cette position par les courroies de brêlage.

ANNEXE III

Travaux de campagne à l'usage des sections de mitrailleuses.

La section de mitrailleuses utilisant des abris naturels les aménage par les procédés indiqués pour l'infanterie.

---

(1) Pour la section du type alpin : « Placer un canon de rechange dans l'étui de canon de chacun des deux bâts de munitions du train de combat qui en sont pourvus et fermer le couvercle. »

S'il n'existe pas d'abris sur la position de tir elle les crée de toutes pièces en construisant l'un des épaulements indiqués dans le tableau ci-après.

Ces épaulements s'exécutent progressivement, c'est-à-dire qu'il faut commencer par l'épaulement pour tireur couché, plus facile à construire. Si le temps dont on dispose le permet, on passe au modèle pour tir dans la position normale.

Pendant l'exécution des travaux les mitrailleuses sont en batterie, prêtes à tirer.

Ces modèles d'épaulement ne sont donnés qu'à titre d'indication. Si on les modifie, tenir compte des données suivantes :

Le fonctionnement de la pièce demande une plate-forme de 1 mètre de large avec une longueur de 2 mètres dans le tir position normale et de 1m50 pour le tir couché.

Épaulements pour mitrailleuses.

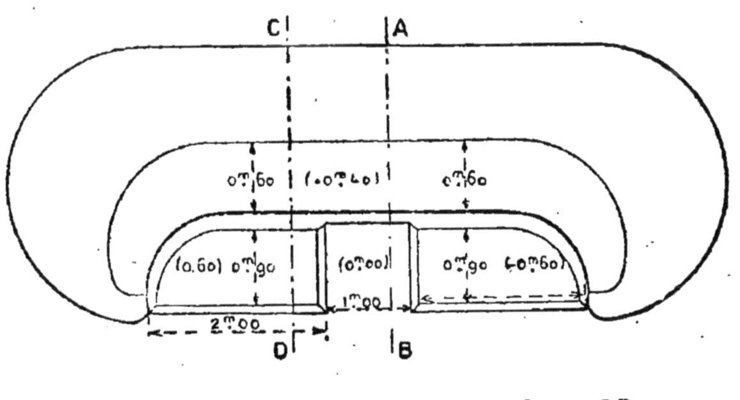

Coupe A-B. Coupe C-D.

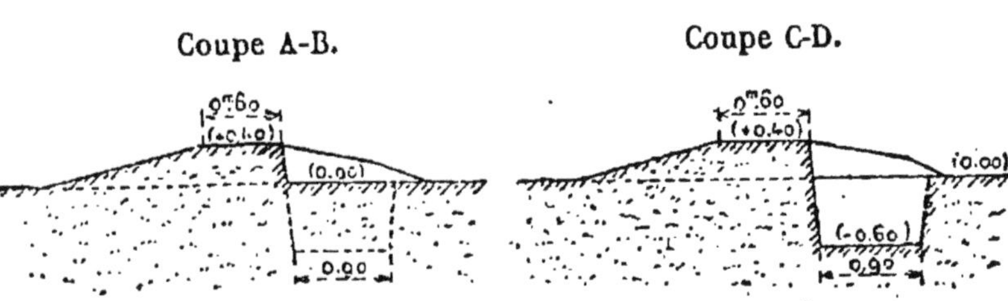

No 1. — *Tirant dans la position couchée.*

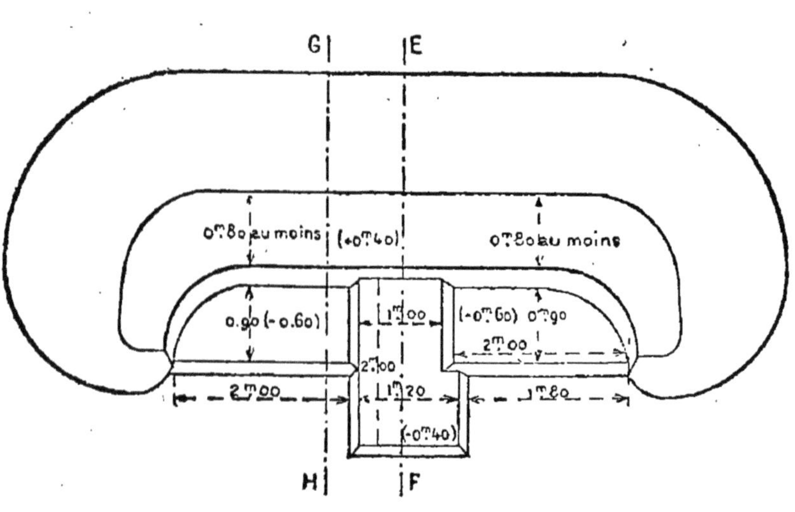

Coupe E.-F.

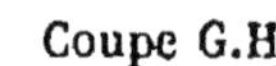

Coupe G.H.

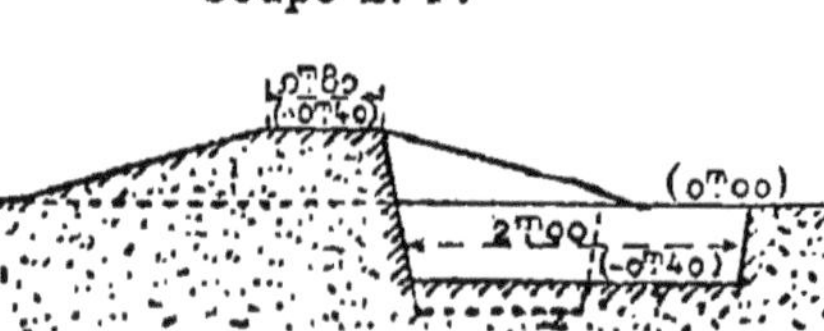

N° 2. — *Tirant dans la position normale.*

Dans la mise en batterie, la hauteur du piston au-dessus du sol est de 82 centimètres dans la position normale et de 45 centimètres dans la position couchée.

Les indications données pour les aménagements complémentaires des tranchées d'infanterie sont applicables aux épaulements pour mitrailleuses (abris, créneaux, dispositifs de protection contre le tir de l'artillerie).

Ces modèles d'épaulements permettent d'abriter tout le personnel de la section de tir, gradés compris.

Durée d'exécution du travail (*terrain ordinaire*).

Outils portatifs.	Épaulement pour tir couché.	1h	Position normale	1h45
Outils grand modèle . .	Id.	45'	Id.	1h

ANNEXE IV

Emploi du télémètre de 80 modèle 1909.

Le télémètre étant disposé sur son trépied.

Pour mesurer une distance.

Appliquer les yeux sur les oculaires A et B et faire

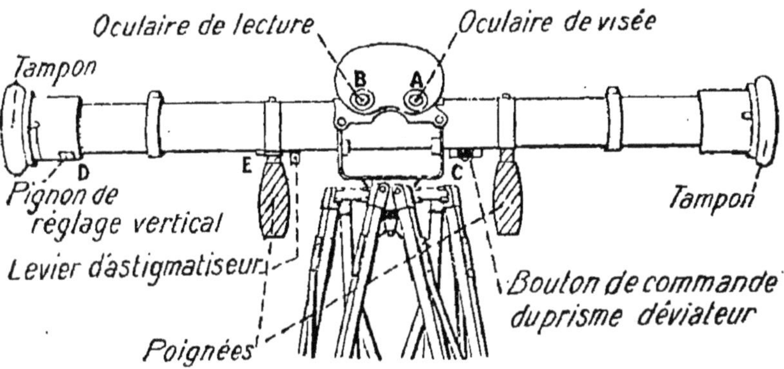

mouvoir le télémètre en agissant sur les poignées de façon à ce que l'objet à apprécier se trouve dans le champ de l'appareil.

Cet objet doit être bissecté par la ligne de séparation.

On le voit alors comme le montre la figure ci-après, l'écartement des deux images dépendant de la distance de l'objet.

Faire tourner ensuite dans le sens convenable le bouton de commande du prisme déviateur, de façon à raccorder les deux images.

Lire la distance par l'oculaire de lecture B, ou par la fenêtre qui se trouve sur la face opposée du télémètre.

Cette méthode de mesure s'appelle *méthode directe.*

Il existe une deuxième méthode, plus précise, dite *méthode d'encadrement.*

Agir sur le bouton de commande du prisme déviateur jusqu'à ce que l'image supérieure semble se raccorder sur l'inférieure, puis continuer le mouvement dans le même sens de façon à faire déborder l'image d'une quantité à peine appréciable vers la gauche. Noter la distance.

Tourner le bouton du prisme en sens inverse de façon à faire déborder légèrement l'image de l'autre côté. Noter la distance.

La moyenne des deux résultats obtenus donnera la distance cherchée.

Quelle que soit la méthode employée, il faut en principe effectuer trois mesures successives, additionner les trois résultats obtenus, diviser le total par trois pour avoir la distance cherchée.

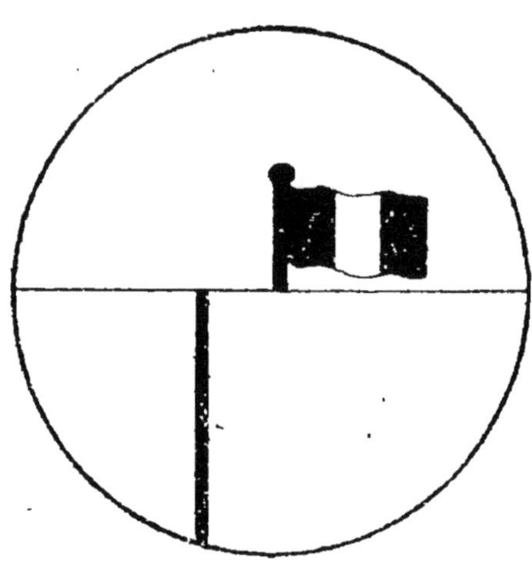

Si la hauteur de l'objet est trop petite pour être facilement bissectée par la ligne de séparation, on emploie l'un des procédés suivants :

Par doublement des images. — Dérégler le télémètre en agissant sur le pignon de réglage vertical (D) de façon à voir l'image comme dans la figure ci-contre.

Agir sur le bouton du prisme déviateur de façon à amener les deux images l'une au-dessous de l'autre.

Faire la lecture.

Par l'astigmatisme des images. — Agir sur le levier d'astigmatiseur (E), qui allonge les images dans le sens de la hauteur.

Opérer sur l'image déformée sans cesser de maintenir le levier avec le doigt, comme il a été dit pour un objet de hauteur suffisante.

Lorsque l'objet se présente sous forme d'une ligne horizontale il est très difficile de le bissecter avec la ligne de séparation.

Il faut alors disposer le télémètre verticalement en le faisant reposer par le tampon gauche sur le trépied abaissé ou sur un objet quelconque.

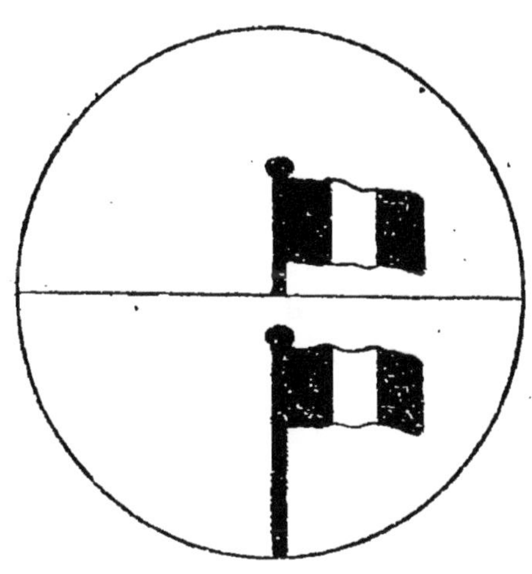

Opérer ensuite comme il a été dit précédemment.

La graduation des échelles de lecture comporte des divisions correspondant chacune à :

10 mètres	de 250	à 1.000	mètres.
25 —	de 1.000	à 1.500	—
50 —	de 1.500	à 2.000	—
100 —	de 2.000	à 5.000	—

Avec le télémètre, en exécutant 10 mesures, l'erreur moyenne est de :

Aux distances	de 1.000 mètres,	10	mètres.
—	de 1.500 —	25	—
—	de 2.000 —	40	—

ANNEXE V

Manière d'exécuter un croquis de repérage.

A chaque position de tir le télémétreur, après avoir donné au chef de section la distance de l'objectif désigné, doit repérer les points remarquables du terrain, notamment ceux de passage probable de l'ennemi.

Il emploie l'un des procédés indiqués ci-après.

Le chef de section pourra, à l'aide des indications données par ces croquis, ouvrir immédiatement le feu, et avec la hausse exacte, sur tout objectif nouveau qui se présentera.

Croquis de repérage.

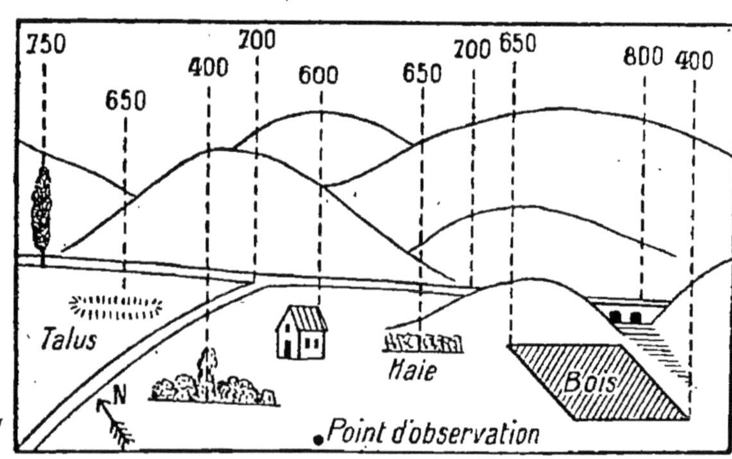

Désigner les objets repérés par leurs noms ou les dessiner.

Procédé des demi-cercles concentriques.

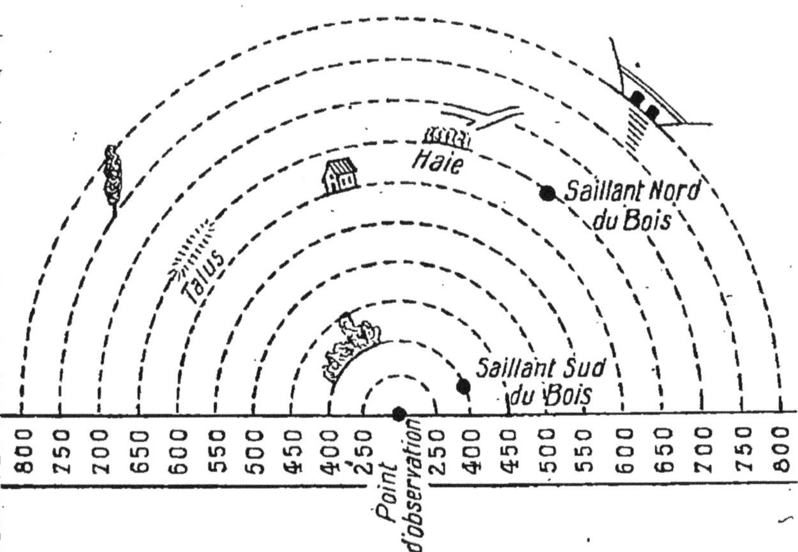

Sur une feuille de papier (ou carton), tracer d'avance des demi-cercles concentriques correspondant à toutes les distances marquées par la hausse. Dessiner les objets repérés ou les indiquer par leurs noms sur la ligne correspondant à la distance appréciée et à la place qu'ils occupent les uns par rapport aux autres vus du point d'observation.

ANNEXE VI

Renseignements numériques divers.

a) *Mitrailleuse.*

Poids de la mitrailleuse 23kg 800

b) *Affût-trépied.*

Poids . .	du support pivotant.	8^{kg} 900
	du trépied	23 800
	Total	32^{kg} 700

Pointage en hauteur.	Amplitude totale (de — 25° à + 20°) .	45°
	Variation correspondant à	1 tour de volant : 36′ à 40′
		1/6e de tour de volant : 6′ ou 2 millièmes.

Pointage en direction.	Déplacement angulaire total au delà duquel la glissière du support pivotant ne repose plus sur la circulaire du trépied (à gauche 37°, à droite 37°) . . .	74°

Hauteur de l'axe des tourillons au-dessus du sol.	Affût .	dressé	0^{m} 835
		agenouillé	0^{m} 462

c) *Munitions.*

			Bande-chargeur modèle	
			PUTEAUX	SAINT-ÉTIENNE
			—	—
Poids	d'une bande-chargeur	vide	0^{kg} 140	0^{kg} 115
		garnie (cartouc. mod. 1886 D).	0 830	0 805
	d'une caisse à munitions	vide	3^{kg} 250	
		chargée (cart. mod. 1886 D).	13^{kg} 200	12^{kg} 980

Nombre de	bandes contenues dans une caisse à munitions.		12
	cartouches	d'une bande	25
		d'une caisse	300
	cartouches portées par	un cheval de bât. . .	1.800
		le caisson.	21.400

d) *Accessoires divers.*

Poids	de la caisse aux rechanges n° 1. .	11kg	100
	de la caisse d'outillage n° 2. . .	10	100
	du canon de rechange (sans étui).	4	750
	du sac à chiffons chargé (avec trousse modèle 1880).	4	»
	du sac à chiffons chargé (sans trousse)	3	250
	du télémètre Souchier avec sa boîte.	8	600
	du pied du télémètre Souchier. .	3	500
	du télémètre de 80 centimètres modèle 1909 dans son étui . .	5	»
	du pied du télémètre de 80 cent. .	3	»

e) *Bâts.*

Poids approximatif du	bât de mulet chargé.	Bât de mitrailleuse (avec pied de télémètre)	118kg	»
		Bât de munitions . . .	117	»
	bât de cheval chargé.	Bât de mitrailleuse (avec pied de télémètre).	121	»
		Bât de munitions. . .	120	»

f) *Caisson de ravitaillement.*

Poids approximatifs.	Coffre d'avant-train chargé . .	265kg	»
	Coffre d'arrière-train chargé . .	388	»
	Caisson sans coffres. — Avant-train . . .	300	»
	Caisson sans coffres. — Arrière-train . .	340	»
	Accessoires portés extérieurement par le caisson de ravitaillement	100	»
	Caisson chargé avec accessoires, sans paquetage ni havresacs	1.800	»

ANNEXE VII

Les mitrailleuses étrangères. Matériel, organisation.

Allemagne.

Matériel. — Les Allemands ont la mitrailleuse Maxim (système utilisant la force du recul).

Le radiateur est remplacé par un manchon de refroidissement contenant 3 litres et demi d'eau, ce qui permet de tirer 1.500 coups environ.

Ce système offre les inconvénients suivants :

1° A partir du 400e coup une colonne de vapeur, haute de 2 mètres, décèle la présence des pièces ;

2° Le remplacement de l'eau offre des difficultés, surtout dans l'offensive, malgré la provision d'eau qu'emportent dans des bidons spéciaux les servants.

La vitesse de tir de la mitrailleuse Maxim est au maximum de 600 coups, en moyenne elle tire à 300-350 coups.

L'alimentation a lieu par bandes-chargeurs en toile de 250 cartouches.

Organisation. — 1° 17 détachements à 3 sections de 2 pièces plus une de réserve par détachement.

Ces groupes, absolument indépendants, ont leur personnel à cheval ou sur les voitures ; ils sont dotés d'un uniforme et d'un numéro spéciaux. Ils comprennent : 4 officiers, 113 hommes de troupe, 89 chevaux, 5 caissons et 3 voitures à vivres et à bagages.

2° Des compagnies formant la 13e dans chaque régiment et comprenant : 3 sections de 2 pièces montées sur voitures, avec 12.200 cartouches par pièce. Le personnel, qui porte l'uniforme du régiment, est à pied.

Autriche-Hongrie.

Matériel. — Mitrailleuse Schwarloze (système utilisant la force du recul).

Cette pièce est très légère (pièce 17kg500, affût 17kg500) par suite de la faible longueur du canon, ce qui diminue sensiblement ses qualités balistiques.

L'alimentation se fait avec une bande analogue à celle de la mitrailleuse Maxim.

Vitesse du tir : maximum 450 coups ; moyenne 250 à 300.

Organisation. — Dans l'infanterie, 273 sections à 2 pièces (1 par régiment), comprenant chacune : 1 officier, 39 hommes, 20 chevaux. Matériel sur bâts, trains sur roues, personnel à pied, 10.000 cartouches par pièce.

Dans la cavalerie le personnel est monté.

Dans la landwehr les détachements sont tantôt à 4 pièces, tantôt à 2.

Angleterre.

Matériel. — Mitrailleuse Maxim.

Organisation. — 1° *Infanterie.* — 1 section de 2 pièces par bataillon. Matériel sur bâts, personnel à pied. Personnel : 1 officier, 12 hommes, 7 chevaux. 11.500 cartouches par pièce.

2° *Infanterie montée.* — 1 section de 2 pièces et 1 canon « pom-pom » par bataillon. Matériel sur voitures à 2 chevaux. Personnel monté : 1 officier, 17 hommes, 21 chevaux. 17.600 cartouches par pièce, 600 pour le pom-pom.

3° *Cavalerie.* — 1 section mixte par régiment, comprenant 1 mitrailleuse et 1 pom-pom. Matériel sur voitures à 2 chevaux. Personnel monté. 17.600 cartouches pour la mitrailleuse, 600 pour le pom-pom.

Italie.

Matériel. — Mitrailleuse Perino (utilisant le recul) avec manchon de refroidissement analogue à celui de la Maxim ; le manchon est muni d'un tube d'échappement recourbé qui rejette vers le sol la colonne de vapeur, ce qui diminue la visibilité.

Vitesse 500 coups au maximum ; moyenne 300.

Une mitrailleuse nouvelle doit remplacer sous peu celles du modèle Perino.

Organisation. — La section est organisée comme en France.

Infanterie : 1 section par régiment avec 1 officier, 26 hommes, 16 mulets. 15.000 cartouches par pièce. Matériel sur bâts. Personnel à pied.

Cavalerie : 1 officier, 26 hommes, 40 chevaux. 9.000 cartouches par pièce. Matériel sur bâts. Personnel monté.

Suisse.

Matériel. — Mitrailleuse Maxim.

Organisation. — 1° 4 compagnies affectées aux brigades de cavalerie. Matériel sur bâts. Personnel monté.

La compagnie comprend : 8 mitrailleuses, 115 hommes, 168 chevaux. 11.500 cartouches par pièce.

2° 3 compagnies de 12 ou de 8 pièces dans les ouvrages des forts du Saint-Gothard et de Saint-Maurice.

États-Unis.

Matériel. — Mitrailleuse Maxim.

Organisation. — Sections de 2 pièces à raison de 1 par bataillon et par escadron de cavalerie. Matériel sur bâts. Personnel : à pied dans l'infanterie, monté dans la cavalerie.

Chaque section comprend : 1 officier, 21 hommes, 10 animaux de bât.

Russie.

Matériel. — Mitrailleuse Maxim.

Organisation. — Détachement de 4 mitrailleuses par régiment d'infanterie de l'un des deux types suivants :

1er type : *Détachement monté.* — Matériel sur bâts. Personnel monté : 3 officiers, 45 hommes, 30 chevaux, 5 voitures. 6.000 cartouches par pièce.

2e type : *Détachement de montagne.* — Matériel sur bâts. Personnel à pied : 3 officiers, 61 hommes, 31 chevaux, 5 voitures. 9.000 cartouches par pièce.

Dans la cavalerie, par régiment (sauf les cosaques) 1 section à 2 pièces.

Japon.

Matériel. — Mitrailleuse Hotchkiss (du système dit par emprunt des gaz).

Organisation. — 1° *Infanterie.* — Par régiment, 1 compagnie à 6 pièces. Matériel sur bâts. Personnel à pied, comprenant : 1 officier, 74 hommes, 32 chevaux. 9.600 cartouches par pièce ;

2° *Cavalerie.* — Par régiment, 1 compagnie à 8 pièces. Matériel sur bâts. Personnel à cheval : 3 officiers, 100 hommes, 143 chevaux. 9.600 cartouches par pièce.

TABLE DES MATIÈRES

PREMIÈRE PARTIE

MANŒUVRE ET TIR

DEUXIÈME PARTIE

MATÉRIEL

TITRE I

MITRAILLEUSE (fig. 1 à 15)

TITRE II

AFFUT-TRÉPIED MODÈLE 1907 TYPE C (fig. 16 et 17)

TITRE III

MUNITIONS, BANDES ET CAISSES A MUNITIONS (fig. 18 et 19)

TITRE IV

TITRE V

MATÉRIEL DE TRANSPORT (fig. 20 à 24)

ANNEXES

NANCY-PARIS, IMPRIMERIE BERGER-LEVRAULT

Nos Mitrailleu[illegible]

Ce qu'elles sont, Ce qu'il [illegible]

[illegible] Un volume in-8, avec [illegible]

RÈGLEMENT [illegible]

Sections de Mitrailleuses [illegible]

(Mitrailleuses [illegible]

Approuvé par le Ministre de la [illegible]

Tome I. Manœuvre et Tir [illegible]
[illegible] pages, avec figures, [illegible]

Tome II. Matériel. — Un volume [illegible]
avec figures, cartonné [illegible]

La Question du Tir [illegible]

Le Tireur de [illegible]
Avec figures, broché [illegible]

La Pratique du Tir d'Infanterie [illegible]
in-8, 79 pages, avec 11 figures, broché [illegible]

www.ingramcontent.com/pod-product-compliance
Ingram Content Group UK Ltd.
Pitfield, Milton Keynes, MK11 3LW, UK
UKHW020351230726
13925UKWH00003B/1072